Datenverarbeitung im Recht (DVR)

Archiv für die gesamte Wissenschaft der Rechtsinformatik, der Rechtskybernetik und der Datenverarbeitung in Recht und Verwaltung

Band 1, 1972/1973

J. Schweitzer Verlag · Berlin

Geschäftsführender Herausgeber

Dr. Sigmar Uhlig, D-53 Bonn-Tannenbusch, An der Düne 13, Telefon 0221/661378

Zitierweise: DVR

Inhalt

Abhandlungen

Berichte

Literatur

Hinweise

Die Autoren der Beiträge

Hans Brinckmann

Dr. jur., Dipl.-Ing., Technische Hochschule Darmstadt, D-6079 Buchschlag, Hengstbachanlage 6

Bernt Bühnemann

Dr. jur., Wissenschaftlicher Oberrat an der Universität Hamburg. D-2 Hamburg 73, Jacobshagenerweg 1

Pierre Catala

Professeur à la Faculté de Droit de Paris, Directeur de l' Institut de Recherches et d'Etudes pour le Traitement de l'Information Juridique de Montpellier. 59, Avenue de Saxe, F-75 Paris 7e.

Ulrich Dammann

Wissenschaftlicher Mitarbeiter der Forschungsstelle für Juristische Dokumentation, Frankfurt/M. D-6 Frankfurt, Senckenberganlage 31

Herbert Fiedler

Dr. jur., Dr. rer nat., Professor an der Universität Bonn/Gesellschaft für Mathematik und Datenverarbeitung, Birlinghoven. D-53 Bonn, Lessingstraße 24

Andrea Hasselkuß

Forschungsstelle für Juristische Informatik und Automation der Universität Bonn. D-53 Bonn-Beuel, Ringstraße 43

Klaus J. Hopt

Dr. jur. (München), Dr. phil. (Tübingen), M. C. J. (New York University), Institut für Europäisches und Internationales Wirtschaftsrecht der Universität München. D-8 München 21, Dreyerstraße 5

Claus-Jürgen Kaminski

Referendar, Gesellschaft für Mathematik und Datenverarbeitung mbH, Birlinghoven bei Bonn. D-53 Bonn-Beuel, Ringstraße 43

Heinz Menne

Richter. D-465 Gelsenkirchen, Im Lindacker 9

János S. Petöfi

Dr., Privatdozent, Universität Konstanz, Fachbereich Sprachwissenschaften. D-775 Konstanz, Jakob-Burckhardt-Straße

Adalbert Podlech

Dr. jur., Dr. phil., Privatdozent an der Universität Heidelberg. D-6902 Sandhausen, Am Forst 28

Leo Reisinger

DDr., Institut für Statistik an der Universität Wien. A-1010 Wien, Universitätsstraße 7

Hannes Rieser

Dr. phil., Universität Konstanz, Fachbereich Sprachwissenschaften. D-775 Konstanz, Jakob-Burckhardt-Straße

Jürgen Rödig

Dr. jur., Privatdozent an der Universität Köln. D-52 Siegburg-Seligenthal, Talsperrenstraße 13

Werner Schmidt

Dr. jur., Regierungsdirektor im Justizministerium des Landes Rheinland-Pfalz. D-5407 Boppard, Heerstraße 181

Hans Herbert Schulze

Professor, Dr. jur., D-1000 Berlin 41, Knausstraße 13

Wilhelm Steinmüller

Dr. jur., Professor an der Universität Regensburg. D-84 Regensburg 2, Postfach 397

Werner R. Svoboda

Dr., Assistent am Institut für Staats- und Verwaltungsrecht der Universität Wien. A-1030 Wien, Krummgasse 2

Andreas Tschudi

lic. iur. et cand. rer. pol., CH-4000 Basel, Florastraße 12

Sigmar Uhlig

Dr. jur., Bundesministerium der Justiz, Bonn. D-53 Bonn-Tannenbusch, An der Düne 13

Manuskripte, redaktionelle Anfragen und Besprechungsexemplare werden an den Geschäftsführenden Herausgeber erbeten, geschäftliche Mitteilungen an den Verlag. Für unverlangt eingesandte Manuskripte wird keine Gewähr geleistet.

Auf Anforderung ist ein Formblatt zur Manuskriptgestaltung erhältlich.

Die Beiträge werden nur unter der Voraussetzung aufgenommen, daß der Verfasser denselben Gegenstand nicht gleichzeitig in einer anderen Zeitschrift behandelt.

Verantwortlich für den redaktionellen Teil: Dr. Sigmar Uhlig, Bonn.

Verlag: J. Schweitzer Verlag, 1 Berlin 30, Genthiner Straße 13, Telefon 03 11/261 13 41, Postscheckkonto: Berlin-West, Konto-Nr. 566 67-108; Berliner Bank A.G., Depka 32, Konto-Nr. 32 71036 400. Der Verlag ist eine KG; persönlich haftende Gesellschafter sind Dr. Kurt Georg Cram, Berlin, und Dr. Arthur L. Sellier, München. Kommanditisten sind Alfred Sellier und Marie-Louise Sellier, beide München. *Anzeigenannahme:* J. Schweitzer Verlag. Gültig ist Anzeigenpreisliste Nr. 1. Verantwortlich für den Anzeigenteil: Dietrich Foth. Anzeigenschluß 4 Wochen vor Erscheinen des Heftes. *Satz:* Behr, München. *Druck:* Gerber, München. *Erscheinungsweise:* Die Zeitschrift erscheint bandweise, ein Band besteht aus 4 Heften zu je ca. 96 Seiten. Jährlich soll ein Band erscheinen. *Bezugspreise:* Abonnementspreis pro Band DM 128,–. Vorzugspreis für Studenten und Referendare DM 96,–. Einzelheft DM 36,–, Doppelheft DM 72,–. Alle Preise verstehen sich inklusive Mehrwertsteuer, jedoch zuzüglich Zustellgebühr. *Bestellungen* nehmen entgegen: jede Buchhandlung und der Verlag. Bestellungen zum Vorzugspreis nur gegen Vorlage einer Ausbildungsbestätigung. *Abbestellungen* müssen 4 Wochen vor Vierteljahresschluß erfolgen.

Band 1 Heft 4, März 1973

Inhalt

Abhandlungen

Berichte

Literatur

Hinweise

Die Autoren der Beiträge dieses Heftes

Leo Reisinger, DDr., Institut für Statistik an der Universität Wien, A-1010 Wien, Universitätsstraße 7

Heinz Menne, Richter, D-465 Gelsenkirchen, Im Lindacker 9

Hans Herbert Schulze, Professor, Dr. jur., D-1000 Berlin 41, Knausstraße 13

Werner Schmidt, Dr. jur., Regierungsdirektor im Justizministerium des Landes Rheinland-Pfalz, D-5407 Boppard, Heerstraße 181

Andreas Tschudi, lic. iur. et cand. rer. pol., CH-4000 Basel, Florastraße 12

Werner R. Svoboda, Dr., Assistent am Institut für Staats- und Verwaltungsrecht der Universität Wien, A-1030 Wien, Krummgasse 2

Beiträge in den nächsten Heften

Gerhard Stadler, Die Anwendung der EDV und kybernetischer Methoden im Gesetzgebungsprozeß; Helga Stadler, Die Anwendung der EDV im Rechtsstudium und bei juristischen Prüfungen; Vladimir Vrecion, Anwendung der Informationstheorie im Recht; Dieter Goose, Operations Research und Verwaltungslehre; Diethard Zielinski, Ein Juristisches Informationssystem für die Bundesrepublik? Aviezri S. Fraenkel, The responsa full text retrieval project – phase II; Bernhard Vischer, Schutz der Privatsphäre und EDV; Bernhard von Linstow, Datenverarbeitung und Strafzumessung; Hélène Bauer-Bernet, Kommunikation zwischen Dokumentationssystemen: Theorie und praktische Erfahrungen; Leo Reisinger, Strukturtheorie des Rechts und EDV; Ejan Mackaay, Prediction research in North America; Otto Simmler, Information Retrieval im Rechtswesen; Spiro Simitis, Grundfragen einer Datenschutzgesetzgebung – zugleich eine Auseinandersetzung mit dem Referentenentwurf zum Datenschutz; Sigmar Uhlig, Der Entscheidungsprozeß des Juristen; Karl-Heinz Schäfer/Hans Schuldt, Elektronische Datenverarbeitung in der Ausgleichsverwaltung.

Leo Reisinger

Möglichkeiten der Gesetzesprognose

Übersicht

1. Vorbemerkung

Die Frage, wie sich eine Normenordnung nach Inhalt und Umfang während der nächsten Jahre ändern wird, hat theoretische und praktische Bedeutung. Dennoch übergeht die traditionelle Methodenlehre der Rechtswissenschaft diese Problemstellung fast völlig. Das berühmte Postulat Auguste Comtes „savoir pour prévoir, prévoir pour pouvoir" hat in der Jurisprudenz fast keinen Widerhall gefunden. Möglichkeit oder Unmöglichkeit von Prognosen werden im kontinentaleuropäischen Bereich nicht einmal diskutiert. Lediglich im anglo-amerikanischen Raum existiert Literatur zum Thema der Prognose im Recht in größerem Umfang.

Hierbei treten zwei unterschiedliche Ansätze hervor: Die Rechtssoziologie versucht, Aussagen über Korrelationen zwischen „makrojuristischen" Größen (z. B. Haupttypen von Tatbeständen) und sozialen Variablen zu machen[1]. Die Jurimetrie bemüht sich, angeregt durch das case-law system, mit Hilfe der mathematischen Methoden des Operations Research (insbesondere der Spiel- und Entscheidungstheorie) „mikrojuristisch" Prognosen für die richterliche Einzelentscheidung („prediction of judicial") zu erstellen[2].

---

[1] Vgl. z. B. *Sorokin, P. A.*, Social and Cultural Dynamics. New York 1937, Bd. II, Kapitel 15: Fluctuation of Ethicojuridical Mentality in Criminal Law. – *Becker, H. S.*, Outsiders. Studies in the Sociology of Deviance. New York 1963, Kapitel 7.

[2] Vgl. *Brieson, R. von*, Status of legal use of computers. In: Law and Computer Technology 1 (1968). – *Kort, F.*, Predicting Supreme Court decisions mathematically: a quantitative analysis of the "Right to Counsel" Cases. In: The American Political Science Review 51 (1957). – *Lawlor, R. C.*, Analysis and prediction of judicial decisions. In: Modern Uses of Logic in Law 6 (1965). Ders., Behind the black robe (Judicial decision prediction), Washington 1965. – Ders., What computers can do: analysis and prediction of judicial decisions. In: American Bar Association Journal 49 (1963). – Ders., Predic-

Die gegenständliche Untersuchung berücksichtigt diesen mikrojuristischen Aspekt nicht. Vielmehr werden im folgenden einige Überlegungen zu den Möglichkeiten der Gesetzesprognose angestellt. Als „Gesetzesprognose" verstehen wir im folgenden eine Prognose zukünftiger gesetzlicher Regelungen, und zwar

1. der Schwerpunkte (was wird geregelt?)
2. des Inhaltes (wie wird geregelt?)
3. des äußeren Umfanges.

Die Fälle 1 und 2 bezeichnen wir als materielle Gesetzesprognose[3], Fall 3 als formelle Gesetzesprognose. Materielle und formelle Gesetzesprognosen werden als mittel- bis langfristige (5—10 Jahre) und hochaggregierte Prognosen aufgefaßt.

Es erscheint zweckmäßig, die Problematik der Gesetzesprognose im Zusammenhang mit der Möglichkeit von Modellkonstruktionen im rechtlichen Bereich zu sehen. Aus diesem Grund werden in Abschnitt 2 die Begriffe „Modell" und „Prognose" und ihre Bedeutung in der Rechtswissenschaft kurz skizziert. Abschnitt 3 bringt eine kursorische Beschreibung der Prognosemethoden, daran schließt in Abschnitt 4 eine konkrete formelle Prognose der österreichischen Bundesgesetzgebung an.

2. Modell und Prognose in der Rechtswissenschaft

2.1 System, Struktur und Modell

Grundlegend für die weitere Überlegung erweisen sich die Begriffe des Systems, der Struktur und des Modells. Die traditionelle Rechtsdogmatik sieht

---

tions of court decisions. Arrowhead Conference 1962. — Ders., Use of computers to predict appelate judge decisions. In: Law and Computer Technology 1 (1968). — *Lerner, M.,* Living in the era of the big, bad computer. Judicial decision prediction. In: Washington Star 1966, June 21. — *Loevinger, L. J.,* The element of predictability in judicial decision making. In: *Jones, E. A.* (Ed.), Law and electronics: the challenge of a new era. Albany N. Y. 1962. — Ders., Jurimetrics. Science and prediction in the field of law. In: Modern Uses of Logic in Law 3 (1962). — *Moskowitz, D. H.,* Prediction theory of law. In: Temple Law Q. 39 (1966). — *Nagel, S. S.,* Applying correlation analysis to case prediction. In: Texas Law Review 42 (1964). — Ders., Judicial prediction and analysis from empirical probability tables. In: Indiana Law J. 41 (1966). — Ders., Predicting court cases quantitatively. In: Michigan Law Review 63 (1965). — Ders., Statistical predictions of verdicts and awards. In: Modern Uses of Logic in Law 4 (1963). — Ders., Using simple calculations to predict judicial decisions. In: American Behavorial Scientist 4 (1960). — Ders., Weighting variables in judicial prediction. In: Modern Uses of Logic in Law 2 (1960). — Vgl. auch *Miyahara, M.,* Die Prozeßvorhersage und die mathematische Rechtswissenschaft. Über die Analyse des I-Typusmodells der Mathematisierungstheorie bei Schadensersatzprozessen wegen Verkehrsunfällen (japanisch). In: Kagakuki sokenkyoronkenkyo 8 (1968). — Ders., Die Prozeßvorhersage und der Computer. Der Prozeß aus der Sicht der empirischen Rechtswissenschaft (japanisch). In: Jiyu to Seigi 19 (1968). — *Suzuki, R.,* Voraussage und Analyse des Urteils mit Hilfe von Computern — insbesondere über die Methoden von *Reed C. Lawlor* (japanisch). In: Juris-u-to 413 (1969).

[3] Zur materiellen Prognose eines speziellen Rechtsbereiches vgl. *Holden, J. M.,* Future developments of the law relating to banking. Inter-Bank Research Organisation, London (im Druck).

eines ihrer Hauptziele in der Erstellung von Systemen („System des bürgerlichen Rechts"). Dieser Systembegriff deckt sich jedoch nicht mit dem in den Sozialwissenschaften heute allgemein verwendeten Begriff[4]. Danach wird System als eine Menge von Elementen und die Menge der Beziehungen zwischen diesen Elementen verstanden[5].

Die Menge dieser Beziehungen (Relationen) nennen wir die Struktur des Systems. Dieser an der mathematischen Theorie algebraischer Strukturen orientierte Begriff ist wegen seiner Abstraktheit zur Anwendung in den verschiedensten Wissenschaften geeignet. Die Art der Elemente (Rechtsnormen, Dokumente, Menschen, Wörter eines Satzes) und der Beziehungen (Vor- und Gleichrangigkeit, Assoziation, Verwandtschaft, syntagmatischer und semantischer Zusammenhang) bleibt offen.

Vor allem in Frankreich wurde der Strukturbegriff zum Zentralbegriff philosophischer, linguistischer und ethonologischer Forschungen, die häufig unter der Bezeichnung „Strukturalismus" zusammengefaßt werden[6]. Eine ähnliche Bedeutung hat der Strukturbegriff in der Kybernetik erlangt, da ein Ziel dieser Wissenschaft in der Erforschung von Relationen zwischen Strukturen (Homomorphie, Isomorphie) liegt[7]. Trotz dieser allgemeinen Anwendbarkeit wird der Strukturbegriff in der deutschsprachigen Rechtswissenschaft erst seit jüngerer Zeit, meist ausgehend von der juristischen Linguistik, diskutiert[8].

Schließlich sei noch kurz der Modellbegriff erläutert. Wir zitieren dazu *Fiedler*[9]. „Als Modell wird das Abbild eines Objekts bezeichnet, manchmal auch die Abbildungsbeziehung selbst. ‚Abbildung' ist dabei wieder im mathematischen oder systemtheoretischen Sinne zu verstehen, insbesondere als Zuordnung dergestalt, daß bei zwei Systemen jedem Element des Originals ein Element des Modells zugeordnet ist. Dabei kann natürlich mehreren Elementen des Originals

---

[4] Wir fassen den Begriff der Sozialwissenschaften in einem weiten Sinn und subsumieren darunter auch Rechtswissenschaft und Linguistik. Zu den verschiedenen möglichen Systembegriffen vgl. *Canaris*, Systemdenken und Systembegriff in der Jurisprudenz 1969. – *Otto H.*, Methode und System in der Rechtswissenschaft. In: ARSP 1969. – *Diemer*, Grundriß der Philosophie, Bd. 2, 1964.

[5] Vgl. *Klaus, G.*, Wörterbuch der Kybernetik. Frankfurt/M. und Hamburg 1969. – *Fiedler, H.*, Automatisierung im Recht und juristische Informatik. 5. Teil: Perspektiven der Automatisierung im Recht und der juristischen Informatik. In: Juristische Schulung 5 (1971).

[6] Vgl. *Piaget, J.*, Le Structuralisme, Paris 1970. – *Fages, J. B.*, Comprendre le Structuralisme, Paris 1968. – Ders., Le Structuralisme en procès, Paris 1968. – *Bierwisch, M.*, Strukturalismus. Geschichte, Probleme und Methoden. In: Kursbuch 5. – *Lepschy, G. C.*, Die strukturale Sprachwissenschaft. München 1969. – *Lévi-Strauss, C.*, Les structures élémentaires de la parenté. Paris 1949. – Ders., Anthropologie structurale, Paris 1958. – Ders., La pensée sauvage, Paris 1962.

[7] S. *Klaus* a.a.O., S. 625. Vgl. weiters *Cube, F. von*, Was ist Kybernetik? Grundbegriffe, Methoden, Anwendungen, München 1971, und die dort angegebene Literatur.

[8] Vgl. *Heinz, E.*, Rechtsregeln als Gegenstand sprachlicher Kommunikation. In ARSP 1 (1972). – *Rodingen, H.*, Ansätze zu einer sprachkritischen Rechtstheorie. In: ARSP 2 (1972). Vgl. unabhängig davon auch *Kempski, J. von*, Grundlegung zu einer Strukturtheorie des Rechts. Abhandlungen der geistes- und sozialwissenschaftlichen Klasse der Akademie der Wissenschaften und Literatur in Mainz, 2 (1961). Wiesbaden 1961.

[9] *Fiedler*, a.a.O., S. 230.

dasselbe Element des Modells zugeordnet werden, so daß das Modell weniger Elemente enthält. Als Modell wichtig sind insbesondere diejenigen Abbildungen, bei welchen eine Analogie zum Original besteht, insbesondere eine Strukturverwandtschaft (Isomorphie, Homomorphie) zwischen zwei einander als Original und Abbild entsprechenden Systemen."

2.2 Ex-ante- und ex-post-Modelle

Unter der speziellen Fragestellung der Prognosemöglichkeiten von Systemen erscheint es zweckmäßig, kurz auf die Unterscheidung in ex-ante- und ex-post-Modelle einzugehen[10].

Diese Unterscheidung richtet sich nach dem primären Zweck des Modells. Ex-post-Modelle dienen vor allem der Diagnose des Systemverhaltens in der Vergangenheit. Ein Spezialfall sind reine Kausalmodelle, welche die Relationen zwischen den Variablen als reine Ursache-Wirkung-Beziehungen auffassen.

Ex-ante-Modelle dienen primär der Prognose des zukünftigen Systemverhaltens. Hier müssen nicht alle Variablen kausalen Charakter aufweisen, es genügt für den Prognosezweck, daß sie entsprechend hoch mit den kausalen Variablen korrelieren. Ein Beispiel möge dies illustrieren (vgl. dazu Abschnitt 4). Wenn man feststellt, daß der Umfang der Bundesgesetzgebung (gemessen z. B. durch die Seitenzahl der Bundesgesetzblätter pro Jahr) als Funktion der Zeit (gemessen in Jahren) durch eine mathematische Funktion – man wird hier als erstes einfache Funktionen wie die lineare, logistische, Potenz- oder Exponentialfunktion heranziehen – gut beschreibbar ist, kann das Ergebnis zur Prognose des mengenmäßigen Output der Bundesgesetzgebung verwendet werden, ohne daß damit eine Aussage über die den Umfang der Gesetzgebung bestimmenden kausalen Variablen gemacht wird. Eine Isolierung dieser Variablen ist erst dann notwendig, wenn das Systemverhalten, in unserem Beispiel also der mengenmäßige Output der Gesetzgebung, geändert (verringert oder erhöht) werden soll.

Ein Spezialfall der ex-ante-Modelle sind Simulationsmodelle, in denen die einzelnen Systemvariablen nach dem Zufallsprinzip innerhalb vorgegebener Schwankungsbreiten variieren; aus den Ergebnissen der Simulation wird das zukünftige Systemverhalten prognostiziert.

Die Grenze zwischen Diagnose- und Prognosemodellen ist fließend, beide weisen oft denselben Variablensatz auf. Jedoch muß festgehalten werden, daß für die Prognosemodelle die strengen Forderungen der Kausalmodelle nicht notwendig sind.

2.3 Stufen der Modellkonstruktion

Ausgehend vom System-, Struktur- und Modellbegriff in dem in Abschnitt 2.1 angeführten Sinn können wir die folgenden Stufen der Modellkonstruktion bzw.

---

[10] Vgl. *Gordesch, J./Reisinger, L.,* Zur Problematik der Regressionsanalyse in der Wahlforschung. In: AIAS 3 (1972).

Theoriebildung in der Rechtswissenschaft unterscheiden[11]:

1. Heuristik (Gegenstand- oder Strukturentdeckung)
2. Historisches Verstehen (Rechtsethymologie, Rechtswandel)
3. Taxonomik (Klassifikation und Systematisierung von rechtlichen Elementen)
4. Strukturalistik (Strukturspezifische Objekterkenntnis und Beschreibung)
5. Theoriebildung (Zusammenfassung struktureller Erkenntnisse, Aufstellen eines substanzwissenschaftlichen Modells)

Nach dieser Einteilung befindet sich die Rechtswissenschaft vorwiegend auf der 3. und 4. Stufe. Rechtliche Elemente (z. B. Träger der Rechtsordnung, materielle und formelle Rechtsnormen) sind zum großen Teil klassifiziert und systematisiert, wenn auch häufig nicht in jenem Grad der Disaggregation, der für eine Prognose wünschenswert wäre. Die Relationen zwischen diesen Elementen wurden bisher jedoch zum Großteil außer Acht gelassen[12].

Gerade die Erforschung der relativen Konstanz einer Struktur ist aber für die Theoriebildung und Prognose wesentlich. (Vgl. dazu die von der strukturalen Linguistik entwickelten Begriffe der Synchronie und Diachronie). Denn nur die begründete Annahme, daß ein betrachtetes System kurz- bis mittelfristig sich strukturell nicht wesentlich ändert, ermöglicht eine fundierte Prognose. Auf Grund dieses Mangels struktureller Untersuchungen im Recht können die Versuche, kybernetische Modelle von Staat und Recht zu erstellen, bisher nur zum Teil befriedigen[13].

Über diese allgemeine Problematik, welche auch die Theoriebildung in anderen Sozialwissenschaften betrifft, stellt sich für die Modellkonstruktion im rechtlichen Bereich noch eine besondere Schwierigkeit — die Quantifizierung der Elemente und Strukturbeziehungen. Diese aber ist Voraussetzung für einen Großteil der von der modernen Prognostik erarbeiteten Verfahren.

Für den besonderen Fall der numerischen Bestimmung des Systemverhaltens können wir zu den oben angeführten 5 Phasen noch die folgenden anschließen[14]:

6. Aufstellen eines mathematischen Modells. Spätestens auf dieser Stufe muß eine Umformung der Elemente und Relationen des betrachteten Systems von theoretischen Konstrukten in mathematisch faßbare Variablen durch operationale Definition erfolgen.
7. Umformulierung des mathematischen zum statistischen Modell (es wird z. B.

---

[11] *Hartmann, P.*, Sprachwissenschaft und Rechtswissenschaft. Eine vergleichende Konfrontation. In: Rechtstheorie 1 (1970), S. 60.

[12] Ausnahmen finden sich in den Theorien der Beziehungen zwischen Rechtsnormen, insbesondere der normativen Bedingtheit und Derogation. Vgl. auch den formallogischen Ansatz bei *Weinberger, O.*, Die Pluralität der Normensysteme. In: ARSP 3 (1971).

[13] Vgl. insbesondere *Lang, E.*, Staat und Kybernetik. Prolegomena zu einer Lehre vom Staat als Regelkreis. Salzburg-München 1966. — Ders., Zu einer kybernetischen Staatslehre. Eine Analyse des Staates auf der Grundlage des Regelkreismodells. Salzburg-München 1970.

[14] *Streißler, E.*, Pitfalls in Econometrics, London 1970.

berücksichtigt, daß die Daten nur eine Stichprobe darstellen, daß die Variablen mit stochastischen Fehlern behaftet sind, etc.).

Die Punkte 6 und 7 sind insofern von größter Bedeutung, als vom Substanzwissenschaftler ein „Zusammenhang" zwischen einigermaßen exakt gegebenen Einzelobjekten gesucht wird, eine Anwendung mathematisch-statistischer Methoden hingegen die Spezifizierung des Zusammenhanges erfordert (linearer Zusammenhang, Zusammenhang gegeben durch eine einer bestimmten Differentialgleichung genügenden Funktion, usf.).

8. Tatsächliche Durchführung der Rechnung.
   Dieser Punkt scheint trivial, ist aber oft nicht nur zeitraubend, sondern bringt auch numerisch-mathematische Probleme mit sich. Bisweilen ergibt erst das Durchrechnen, daß ein bestimmtes Verfahren aus rein numerischen Gründen nicht anwendbar ist.

Erst die Bewältigung aller dieser Phasen ermöglicht Aussagen über das Verhalten eines komplexen Systems, die den strengen Forderungen einer analytischen Wissenschaftstheorie in Ansätzen gerecht werden. Versuche in dieser Richtung werden insbesondere von der modernen Futurologie unternommen[15].

3. Methoden der Gesetzesprognose

Die in Abschnitt 2.3 angeführten Phasen der Modellkonstruktion stellen ein Idealprogramm dar, das zum gegenwärtigen Zeitpunkt im Bereich des Rechts nur in Ausnahmefällen realisiert werden kann. Als wichtigste Hindernisse sind, wie oben angeführt, das Fehlen einer ausgereiften Strukturtheorie des Rechts und die Problematik der Quantifizierung zu nennen. Letztere tritt insbesondere dann auf, wenn Prognosen des Gesetzesinhaltes angestrebt werden. Diese würden ja, soll die Prognose numerische Ergebnisse liefern, eine Abbildung der möglichen Gesetzesinhalte in die Menge der reellen Zahlen erfordern.

Aus diesen Gründen muß die Gesetzesprognose nach Methoden[16] Ausschau halten, die weitgehend auf die Konstruktion eines vollständigen Modells und/oder auf eine Quantifizierung der Variablen verzichten. Wir können hierbei

---

[15] Vgl. *Forrester, J. W.*, Industrial Dynamics, Cambridge, Mass., 1969. – Ders., Principles of Systems, Cambridge Mass., 1969. – Ders., World Dynamics, Cambridge Mass., 1971.

[16] Die Prognostik wird heute allgemein als eigener Wissenschaftszweig angesehen, die Literatur zu diesem Gegenstand hat insbesondere in den letzten Jahren stark zugenommen. Vgl. als Bibliographien: *de Hoghton, C. – Page, W. – Streatfeild, C.*, ... and now the future. A PEP Survey of Future Studies. Vol. XXXVII, London 1971. Council of Europe, Long-Term Forecasting in Europe. An Inventory of Institutes, Academies and Associations, as well as of Projects Undertaken in Europe in the Field of Long-Term Forecasting, 2 Bände, 1970. – *Jantsch, E.*, Technological Forecasting in Perspective, OECD, Paris 1967. – *Kohler, B./Nagel, R.*, Die Zukunft Europas. Köln 1968. – *Meynaud, J.*, Esquisse Bibliographique Relative aux Speculations sur l'Avenir. Revue Française de Science Politique, August 1965. – *Wagenführ, H.*, Who is Who in Futurology? Wikkert-Institut, Tübingen 1970. – Werkgroep 2000, Documentation Bulletin on Future Research, Groningen, ab 1968.

zwischen heuristischen, intuitiven und statistischen Methoden unterscheiden[17]. Diese Einteilung hat insofern vorläufigen Charakter, als manche Verfahren nicht eindeutig zuordenbar sind; außerdem verwenden zahlreiche Prognosen gemischte Verfahren.

Von den drei genannten Methoden – genauer gesagt, Methodenbündeln – sind bis jetzt lediglich die statistischen Methoden in den Sozialwissenschaften fest verankert. Heuristischen und intuitiven Methoden wird häufig von der Kritik der Rang wissenschaftlicher Methodik abgesprochen, obwohl sie sich im „technological forecasting" mehrfach bewährt haben. Im folgenden sollen die drei Methoden kurz beschrieben werden.

3.1 Heuristische Methoden

Heuristische Methoden sind dadurch gekennzeichnet, daß sie Hilfen zur Formulierung der zu prognostizierenden Größe geben. Sie bieten daher eher eine Voraussetzung der Prognose, ihre Prognosefähigkeit selbst ist gering. Wir unterscheiden als die drei wichtigsten Zweige der heuristischen Methode: Contextual Mapping, Morphologiemethode und Relevanzbäume.

Contextual Mapping ist ein relativ primitives Konzept, das eine erste Stufe für systematisches Denken und Analysieren darstellt. In einer Tabelle (Matrix) werden zeilenweise die für das betrachtete Problem wichtigsten unabhängigen Variablen (Zustände, Tendenzen) eingetragen. Die Spalten sind „intervening variables", welche Untergliederungen der unabhängigen Variablen, Interdependenzen, instrumentelle Probleme etc. sein können. Das Zusammentreffen der unabhängigen und der intervenierenden Variablen und das daraus resultierende Ergebnis wird in den Zellen der Matrix meist verbal beschrieben. Durch fortgesetzte Disaggregierung – jede Zelle wird im nächsten Schritt als Matrix aufgeschlüsselt – soll ein Überblick über die Möglichkeiten der Problemanalyse gegeben werden.

Trotz dieser Einfachheit des Konzeptes konnten durch Contextual Mapping im „technological forecasting" positive Ergebnisse erreicht werden. Als methodologische Kritik bleibt jedoch die Subjektivität der Auswahl der Variablen und Zusammenhänge, die kaum überprüfbar ist. Diese Subjektivität versucht die Morphologiemethode auszuschalten. Die von *Fritz Zwicky* entwickelte Methode[18] unterscheidet die folgenden fünf Schritte:

1. Das zu lösende Problem muß möglichst präzise und vollständig definiert werden.

---

[17] Die Einteilung in heuristische und intuitive Methoden folgt *Clement, W.*, Conceptual and Technical Problems of Long-Range Educational Planning (im Druck). – Vgl. zum folgenden auch *Gehmacher, E.*, Methoden der Prognostik. Eine Einführung in die Probleme der Zukunftsforschungn und Langfristplanung. Freiburg 1971. – *Reisinger, L.*, Arbeitsmarkt- und Bildungsprognostik. Ein Überblick. In: Mitteilungsblatt der österreichischen Gesellschaft für Statistik und Informatik 2 (1971).

[18] *Zwicky, F.*, Morphology of Propulsive Power. Pasadena Calif. 1962. – Ders., Entdecken, Erfinden, Forschen im morphologischen Weltbild. München-Zürich 1966. – *Zwicky, F./Wilson, A. G.*, New Methods of Thought and Procedure, Heidelberg 1967.

2. Das Problem wird sodann durch Bestimmungsmerkmale (Parameter) p_i beschrieben (i = 1, 2, ... n).
3. Jedem Parameter p_i wird eine Anzahl k_i verschiedener, nicht mehr teilbarer Erscheinungsformen (Ausprägungen) $p^1{}_i$, $p^2{}_i$, ... $p^{k_i}{}_i$ zugeordnet. Alle Elemente $p^j{}_i$ in einer Matrix angeordnet ergeben den „morphologischen Kasten":
$$\begin{pmatrix} p^1{}_1, p^2{}_1, \ldots p^{k_1}{}_1 \\ p^1{}_2, p^2{}_2, \ldots p^{k_2}{}_2 \\ p^1{}_n, p^2{}_n, \ldots p^{k_n}{}_n \end{pmatrix}$$
Die Verbindung von jeweils einem Element jeder Zeile ergibt eine „Lösung" $(p^{j_1}{}_1, p^{j_2}{}_2, \ldots, p^{j_n}{}_n)$, $1 \leq j_i \leq k_i$. Insgesamt $\overset{n}{\underset{i=1}{\pi}} k_i$ Lösungen möglich. In der Praxis kann diese Zahl meist durch Ausscheiden sinnloser oder unmöglicher Lösungen reduziert werden.
4. Nach vollständiger Ermittlung der insgesamt denkbaren Kombinationen müssen bestimmte Bewertungskriterien für die in der Matrix enthaltenen Lösungen aufgestellt werden.
5. Eine spezielle Lösung wird nach diesen Kriterien ausgewählt.

Die Schwierigkeit dieser Methode liegt vor allem in der Forderung, eine vollständige Definition des Problems, der Parameter und Erscheinungsformen aufzustellen. Außerdem ist eine Durchrechnung aller Lösungen auch mit EDV-Einsatz in praxi nur bei nicht allzu umfangreichen Matrizen möglich.

Eng mit dem Contextual Mapping und dem morphologischen Kasten ist die Methode des Relevanzbaumes verwandt[19]. Ein Relevanzbaum ist ein Modell einer Menge von Relationen zwischen Elementen, die in hierarchischen Maßnahmen und Methoden zu ihrer Erreichung. Dadurch, daß die Elemente auf den verschiedenen Wirkungsebenen systematisch mit der Spitze des Relevanzbaumes (dem Oberziel) verbunden sind, sind auch alle möglichen Pfade zur Zielerreichung offengelegt.

In dieser ersten Stufe unterscheidet sich der Relevanzbaum vom morphologischen Kasten vor allem dadurch, daß eine hierarchische Anordnung der Elemente vorliegt. In einer zweiten Stufe, die über die morphologische Methode hinausgeht, wird eine numerische Bestimmung der optimalen Lösung durch Einführung von Bewertungen der einzelnen Elemente versucht. Dieser Schritt – am weitesten in der Methode PATTERN gediehen – ist jedoch in der Literatur noch ziemlich umstritten.

3.2 Intuitive Methoden

Die heuristischen Methoden bieten, sieht man von den Schritten 4 und 5 der morphologischen Methode und den Quantifizierungsversuchen des Relevanzbaumes ab, im wesentlichen Hilfen für die Prognosevorbereitung. Bei der Durchführung der eigentlichen Prognose versagen jedoch häufig die herkömm-

---

[19] Vgl. dazu *Gerardin, L.*, Les Arbres de Pertinence, IEEE Seminar on Research Organisation, Paris 28. Mai 1970. – *Comtesse, J.-L.*, Normative methodology for long-term planning. Institut de Recherches et d'Etudes Sociologiques et Economiques, Genf 1969.

lichen statistischen Methoden (vgl. Abschnitt 3.3), da die Elemente und/oder Relationen der betrachteten Problemstellung nicht quantifiziert werden können. Die so entstehende Lücke versuchen die intuitiven Methoden zu schließen. Unter intuitiven Methoden seien hier jene Verfahren verstanden, welche durch intuitives, spekulatives, kreatives und phantasievolles Denken eine Prognose ermöglichen. Der Formalisierungsgrad dieser Methoden ist niedrig, häufig sind sie intersubjektiv kaum überprüfbar. Neben Scenariowriting[20], Brainstorming, Science-Fiction, Science Creation und „Genius forecasting" unterscheiden wir als wichtigste Zweige die Delphi-Methode und die Cross-Impact-Matrix-Methode.

Das Ziel der Delphi-Methode[21] als Prognosetechnik besteht darin, Prognosen durch Befragung ausgewählter Personengruppen („Experten") zu erstellen. In einer anonymen Gruppenbefragung wird mittels Fragebögen die Meinung (Prognose) der Experten ermittelt. Die erhaltene Information wird verdichtet (z. B. Berechnung des Medians und der mittleren Quartilsdistanz) und den Experten das Ergebnis mitgeteilt. Nach dieser Rückkopplung können die befragten Personen ihr ursprüngliches Urteil revidieren, worauf das neue Ergebnis ihnen wieder mitgeteilt wird, etc. In der Regel stellt sich nach zwei oder mehreren Befragungen eine Konvergenz der Einzelprognosen ein.

Die Delphi-Methode geht von der Annahme aus, daß eine anonyme Gruppenbefragung einer offenen Diskussion überlegen ist, da das Ergebnis von Diskussionen durch gruppenpsychologische Faktoren (starke Persönlichkeit, Majoritätsmeinung) beeinflußt werden kann. Aus diesem Grund ist die Befragung anonym, um einen Kontakt der Experten während der Befragung zu verhindern.

Einwände gegen die Delphi-Methode richten sich einmal gegen den Vorgang der Expertenauswahl, der bereits das Ergebnis der Befragung verzerrend beeinflussen kann. Darüber hinaus – und damit die grundsätzliche Annahme der Delphi-Methode in Frage stellend – wird die Annahme kritisiert, daß Gruppenurteile dem Einzelurteil überlegen sind. Auch die zahlreichen Tests, welche zur Überprüfung dieser Annahme durchgeführt wurden, konnten keine endgültige Klärung dieser Frage bringen.

Ein weiterer Einwand gegen die Delphi-Methode liegt darin, daß bei dieser Technik die Ergebnisse isoliert geschätzt und Wechselwirkungen nicht berücksichtigt werden. Diese Schwäche versucht die Cross-Impact-Matrix-Methode

---

[20] Vgl. dazu insbesondere *Kahn, H.*, On Escalations. Methaphors and Scenarios. New York 1965. – *Kahn, H./Anthony, J.*, The Year 2000 – A Framework for Speculations. New York 1967.

[21] *Ament, R. H.*, Comparison of Delphi Forecasting Studies in 1964 and 1969. In: Futures 3 (1970). – *Brown, B./Helmer, O.*, Improvement in the Reliability of a Consensus Through the Use of Self-Ratings. In: *Helmer, O.*, Social Technology. New York 1966. – *Dalkey, N.*, An Experimental Study of Group Opinion: The Delphi Method. In: Futures 9 (1969). – *Dalkey, N./Brown, B./Cochran, S. W.*, Use of Self Rating to Improve Group Estimates. In: Technological Forecasting 12 (1969). – *Helmer, O./Dalkey, N.*, An Experimental Application of the Delphi Method to the Use of Experts. In: Management Sciences 4 (1963).

(Wechselwirkungsmatrix-Methode)[22] zu beseitigen.

Mit Hilfe der Cross-Impact-Matrix-Methode soll berechnet werden, ob und wie der Eintritt eines Ereignisses sich auf die Wahrscheinlichkeit der Eintritte anderer Ereignisse auswirkt. Zur Erstellung einer Wechselwirkungsmatrix sind folgende Daten erforderlich:

1. Eine Liste der Ereignisse
2. Die Anfangswahrscheinlichkeiten dieser Ereignisse
3. Das mit einer gewissen Wahrscheinlichkeit erwartete Jahr des Eintrittes dieser Ereignisse
4. Schätzungen der Art und „Straffheit" ihrer erwarteten Wirkung auf andere Ereignisse.

Alle diese Daten werden mit Hilfe der Delphi-Methode gewonnen. Die Straffheit der erwarteten Wirkung wird in der Regel durch eine Ordinalskala von − 10 bis + 10 gemessen (+ fördernd, − hemmend), die geschätzten Werte werden in die Cross-Impact-Matrix eingetragen.

Nach diesem Dateninput erfolgt die eigentliche Analyse durch Simulation. Ereignisse werden nach Zufall ausgewählt; entsprechend ihrer Anfangswahrscheinlichkeiten wird auf „Eintritt" oder „Nicht-Eintritt" des Ereignisses entschieden. Hierauf werden die Wahrscheinlichkeiten der anderen Ereignisse aus der Cross-Impact-Matrix berechnet.

Durch oftmaliges Durchspielen der Simulation ergeben sich Schätzwerte für die Endwahrscheinlichkeiten der Ereignisse, die auf Grund der Wechselwirkungen bestehen. Ein Vergleich dieser Endwahrscheinlichkeiten mit den ursprünglich angenommenen Wahrscheinlichkeiten gibt Aufschluß über den Einfluß der Wechselwirkungen auf den Prozeß. Aus diesem Grund eignet sich die Cross-Impact-Matrix-Methode gut als Ergänzung der unabhängigen Einzelschätzungen.

Die Kritik gegen die Cross-Impact-Matrix-Methode weist neben den schon bei der Delphi-Methode angeführten Punkten auf die Schwierigkeit bzw. Unmöglichkeit hin, die Koeffizienten der Cross-Impact-Matrix subjektiv mit genügender Genauigkeit zu schätzen. In den Wert des Koeffizienten sollen ja Richtung und Intensität des Zusammenhanges sowie die Zeitstruktur der Wirkung des einen auf das andere Ereignis eingehen. Dies setzt aber voraus, daß die Experten über ein Strukturmodell verfügen − eine vor allem bei komplexeren Modellen zweifelhafte Annahme.

3.3 Statistische Methoden

In jenen Fällen der Gesetzesprognose, in denen eine Quantifizierung der Varia-

---

[22] *Gordon, T. J./Hayward, H.,* Initial Experiments with the Cross Impact Matrix Method of Forecasting. In: Futures 12 (1968). − *Gordion, T. J.,* Cross-Impact Matrices. An Illustration of their Use for Policy Analysis. In: Futures 12 (1969). − *Rochberg, R./Gordon, T. J./ Helmer, O.,* The Use of Cross-Impact Matrices for Forecasting and Planning, Institute for the Future, Middletown Conn. Report R-10, September 1969.

blen möglich ist, bieten sich die klassischen statistischen Methoden[23] der Zeitreihenanalyse und Regressionsanalyse an. Die hier entwickelten Methoden reichen von einfachen Verfahren (Regression zwischen zwei Variablen, Methode der gleitenden Durchschnitte) bis zu Modellansätzen, deren erheblicher Rechenaufwand nur durch EDV-Einsatz bewältigt werden kann (multiple Regression, Multivariatenanalyse, Faktorenanlyse).

Da die Gesetzesprognose in dieser Untersuchung als mittel- bis langfristig verstanden wird, interessieren hier vor allem die Trendanalysen. Wir wollen den Grundgedanken dieser Methoden am einfachsten Fall (dem Modell mit zwei Variablen) erklären.

Von zwei Variablen x und y seien k Meßwertpaare (x_i, y_i), $i = 1, 2, \ldots k$, gegeben. Aus substanzwissenschaftlichen Überlegungen nehmen wir x als die unabhängige, y als die abhängige Variable an. (Diese Annahme bedeutet, daß ohne eine Änderung von x keine Änderung von y eintreten kann.) Wir erstellen ein Streudiagramm, indem wir die k Meßwertpaare in ein Koordinatensystem eintragen. Unser Ziel besteht nun darin, den durch die Punkte gegebenen empirischen Zusammenhang durch eine mathematische Funktion möglichst gut zu beschreiben.

Für diese Kurvenanpassung sind die folgenden Funktionen von besonderer Bedeutung:

1. Die lineare Funktion $y = a + bx$.
   Diese Funktion impliziert die Modellannahme, daß eine infinitesimale Änderung von x stets eine konstante Änderung $\frac{dy}{dx} = b$ hervorruft.
2. Die Exponentialfunktion $y = ae^{bx}$.
   Diese Funktion impliziert die Modellannahme, daß eine infinitesimale Änderung von x stets eine konstante Änderungsrate $\frac{dy}{dx} \cdot \frac{1}{y} = b$ hervorruft.
3. Die logistische Funktion $y = \frac{a}{1 + be^{-cx}}$ mit $a, b, c > 0$.

   Diese typische Wachstumskurve hat einen s-förmigen Verlauf. Für $x \to -\infty$ strebt $y \to 0$, für $x \to \infty$ erreicht y das Sättigungsniveau a[24].

Durch geeignete Rechenverfahren lassen sich die Parameter a, b und c bestimmen. Liegen nun die Punkte des Streudiagramms nahe an der gewählten Funktion, so bietet diese offenbar eine gute Beschreibung des empirischen

---

[23] Einführungen in diese Methoden finden sich in jedem Lehrbuch der statistischen Methoden. Die Spezialliteratur ist außerordentlich umfangreich. Vgl. als Bibliographien der Zeitreihenanalyse *Wald, H.*, Bibliography on Times Series and Stochastic Processes, 2nd ed., London 1966. – *Bruckmann, G./Pfanzagl, J.*, Literaturbericht über die Zerlegung saisonabhängiger Reihen, Blätter der deutschen Gesellschaft für Versicherungsmathematik 3 (1959).

[24] Einen ähnlichen Verlauf wie die logistische Funktion hat die Verteilungsfunktion der standardisierten Normalverteilung.

Prozesses. (Die Korrelationstheorie hat Maßzahlen entwickelt, die angeben, „wie gut" ein gewählter Funktionstyp zur Beschreibung der empirischen Daten paßt – vgl. Abschnitt 4.2). Die auf diese Weise bestimmte Funktion kann dann für Prognosen verwendet werden, indem ein vorgegebener x-Wert in die Funktionsgleichung eingesetzt und daraus der zugehörige y-Wert errechnet wird.

Soll eine Prognose erstellt werden, ohne daß ein substanzwissenschaftliches Modell vorhanden ist, genügt es oft, als unabhängige Variable die Zeit zu wählen und die zu prognostizierende Größe als von der Zeit abhängig anzusehen. Schwierigkeiten ergeben sich in der Praxis jedoch meist dadurch, daß nur ein bestimmter Teilabschnitt durch empirische Daten gegeben ist und daraus nicht auf den zugrundeliegenden Funktionstyp mit Sicherheit geschlossen werden kann. Es bedarf daher insbesondere dann zusätzlicher substanzwissenschaftlicher Annahmen, wenn eine sehr langfristige Prognose erstellt werden soll. So kann etwa die Annahme, ob eine bisher stets wachsende Variable in der Zukunft einen Sättigungspunkt erreichen wird, über die Wahl einer logistischen oder Exponentialfunktion entscheiden.

3.4 Die Bedeutung der Prognosemethoden für die Gesetzesprognose

Vergleicht man die in den Abschnitten 3.1 bis 3.3 skizzierten Prognosemethoden, so lassen sich interessante wissenschaftstheoretische Zusammenhänge aufdecken. Die heuristischen Methoden unterstützen wesentlich die Phase der Taxonomik, da sie einen vollständigen Überblick über die möglichen Ausprägungen von Elementen und/oder Strukturen ermöglichen. Dadurch zeigen sie sich als eng mit der von *Lévi-Strauss* entwickelten Methode der Permutationsmatrix verwandt[25]. Weiters lösen sie ein Grundproblem der Statistik, nämlich die Merkmalsausprägungen eines mehrdimensionalen Merkmals taxativ anzugeben. Auch in diesen von den verschiedensten Wissenschaften kommenden Problemstellungen zeigt sich wieder die vielseitige Verwendbarkeit des oben angeführten System- und Strukturbegriffes.

Daß die intuitiven Methoden gerade in den letzten Jahren entscheidend an Bedeutung gewonnen haben, ist insofern interessant, als sie ein weit geringeres Maß an „Sophistication" als viele Modellansätze der Statistik und Ökonometrie aufweisen. Dies erklärt sich wohl daraus, daß die Faszination, die ausgeklügelte mathematische Methoden auf die Prognostiker ausübten, einer gewissen Ernüchterung Platz gemacht haben. Immer mehr stellt sich nämlich heraus, daß die Modellannahmen, die für die Anwendung solcher Methoden Voraussetzung sind, in der Wirklichkeit oft auch nicht annähernd gegeben sind. Dazu kommt die Entdeckung, daß intuitives und kreatives Denken gerade für Prognosen Wesentliches beitragen kann.

Versucht man, die Bedeutung der einzelnen Methoden für die Gesetzesprognose anzugeben, so läßt sich stark vereinfacht Folgendes sagen:

1. Zum gegenwärtigen Zeitpunkt sind Modelle, die Inhalt und Umfang von Ge-

---

[25] *Lévi-Strauss, C.*, Tristes tropiques, Paris 1955, S. 16. Vgl. auch *Leach, E./Lévi-Strauss*. London 1970, S. 25.

setzen als funktionelle Größen erklären, nicht vorhanden. Statt Kausalmodellen können daher nur ex-ante-Modelle mit tentativem Charakter in der unmittelbaren Zukunft erwartet werden. Die Auswahl der Prognosetechniken sollte daher nach rein pragmatischen Gesichtspunkten erfolgen; insbesondere sollten nach Möglichkeit verschiedene Methoden nebeneinander verwendet werden, um die Validität der einzelnen Methoden zu überprüfen.

2. Die heuristischen Methoden unterstützen vor allem die Vorbereitung der eigentlichen Prognose, indem sie eine systematische Typologie und Aufgliederung gesetzlicher Regelungen ermöglichen.
3. Für die materielle Gesetzesprognose erscheinen, solange die Quantifizierungsversuche kein befriedigendes Ergebnis zeigen und statistische Daten fehlen, vor allem die intuitiven Methoden geeignet. Insbesondere kann die Delphi-Methode als vielversprechend für die Gesetzesprognose angesehen werden.
4. Die Anwendung der statistischen Methoden liegt dort nahe, wo numerische Daten über einen Zeitraum vorliegen. Dies ist bei der formellen Gesetzesprognose der Fall.

4. Eine Prognose der österreichischen Bundesgesetzgebung

In diesem Abschnitt soll als Illustration zu einem Teil der bisherigen Überlegungen eine formelle Gesetzesprognose der österreichischen Bundesgesetzgebung erstellt werden.

4.1 Dateninput und Methodik

Für eine Prognose des Umfanges der österreichischen Bundesgesetzgebung bietet sich als Quelle des Dateninputs vor allem das amtliche Bundesgesetzblatt an. Dieses wurde auch als einzige Datenquelle verwendet. Von den verschiedenen Kenngrößen, die den Gesetzgebungsumfang charakterisieren, wurden die Anzahl der Kundmachungen pro Jahr und die jährliche Seitenzahl der Bundesgesetzblätter ausgewählt. Aus diesen Daten ließ sich für jedes Jahr die durchschnittliche Seitenzahl pro Kundmachung errechnen. Als Beobachtungszeitraum wurden die Jahre 1946–1971 ausgewählt, 1945 wegen der atypischen Situation ausgeschieden. Die verwendeten Daten sind in Tabelle 1 enthalten.

Tabelle 1. Dateninput der Prognose der Bundesgesetzgebung

X_1	X_2	X_3	X_4	X_1	X_2	X_3	X_4
1946	213	474	2.225	1957	295	1611	5.461
1947	267	1079	4.041	1958	300	2227	7.423
1948	259	835	3.224	1959	306	1805	5.899
1949	277	1179	4.256	1960	312	2271	7.279
1950	248	1088	4.387	1961	322	1512	4.696
1951	274	1476	5.387	1962	337	2018	5.988
1952	230	614	2.670	1963	340	2630	7.735
1953	186	1018	5.473	1964	325	1628	5.009
1954	270	1176	4.356	1965	373	2022	5.421
1955	290	1527	5.266	1966	314	1602	5.102
1956	279	1762	6.315	1967	418	2538	6.072

x_1	x_2	x_3	x_4	x_1	x_2	x_3	x_4
1968	463	1794	3.875	1970	428	2054	4.799
1969	479	3394	7.086	1971	504	2861	5.677

x_1 Jahr
x_2 Anzahl der Kundmachungen
x_3 Seitenzahl
x_4 Seitenzahl pro Kundmachung

Eine Betrachtung der Daten ergibt, daß x_2 und x_3 mit wachsendem x_1 im Trend zunehmen, dieser Trend jedoch von Schwankungen überdeckt ist. Wir interpretieren diese als Zufallsschwankungen (vgl. die Einwände gegen diese Annahme in Abschnitt 4.3) und versuchen, den langfristigen Trend zu bestimmen. Hierfür bietet sich die statistische Methode der Regressionsanalyse an (vgl. Abschnitt 3.3).

Die konkrete Berechnung[26] erfolgte für einfache und multiple Regressionen, wobei auch semilogarithmische und doppeltlogarithmische Transformationen der Variablen durchgeführt wurden. Hierbei ergab sich, daß multiple Regressionen und logarithmische Transformationen keine wesentliche Verbesserung mit sich brachten, so daß wir die folgende Erörterung auf die linearen Funktionen im Zwei-Variablen-Fall beschränken können.

4.2 Regressionsanalyse und Prognose

Zur Prüfung, wie gut die errechnete Regressionsgleichung den empirischen Zusammenhang wiedergibt, dient der lineare Korrelationskoeffizient r. Dieser hat die folgenden Eigenschaften:

1. r liegt stets zwischen − 1 und + 1.
2. Das Vorzeichen von r gibt die Richtung des Zusammenhanges an.
3. r steigt dem Absolutbetrag nach mit zunehmender Straffheit des Zusammenhanges.
4. Ist r dem Absolutbetrag nach gleich 1, so liegen alle Punkte des Streudiagramms auf der Geraden.

Die Korrelationskoeffizienten der vier Variablen sind in Tabelle 2 enthalten.

Tabelle 2. Korrelationskoeffizienten der vier Variablen
Mit Ausnahme der mit * bezeichneten sind alle Koeffizienten signifikant von null verschieden (Signifikanzniveau 95%)

	x_1	x_2	x_3	x_4
x_1	----	0.880	0.821	0.499
x_2	0.880	----	0.821	0.362*
x_3	0.812	0.821	----	0.811
x_4	0.499	0.362*	0.811	----

Aus Tabelle 2 können wir folgendes entnehmen:

[26] Die Berechnung wurde an der IBM 360/44 des Rechenzentrums der Universität Wien vorgenommen.

1. x_2 und x_3 lassen sich sehr gut als von der Zeit (x_1) abhängige Variablen beschreiben.
2. Der Zusammenhang zwischen x_2 und x_3 ist naturgemäß sehr stark ausgeprägt.
3. x_4 korreliert am höchsten mit x_3.

Die Anstiegsparameter für einige der berechneten Regressionsgleichungen sind in Tabelle 3 enthalten.

Tabelle 3. Anstiegsparameter einiger Regressionsgleichungen

Alle Koeffizienten sind signifikant von null verschieden (Signifikanzniveau 95%)

unabhängige Variable	abhängige Variable	Anstieg b
x_1	x_2	9.31
x_1	x_3	73.82
x_1	x_4	0.09
x_2	x_3	7.04

Hierbei ist b wie folgt zu lesen: Steigt die unabhängige Variable um eine Einheit, so nimmt die abhängige Variable im Durchschnitt um b Einheiten zu. Um ein konkretes Beispiel zu geben: Die Seitenzahl der Bundesgesetzblätter hat im Durchschnitt pro Jahr um 73,82 zugenommen.

Dieses Ergebnis kann nun für Prognosen verwendet werden. Darüber hinaus ist es aber möglich, unter Annahme einer bivariaten Normalverteilung Konfidenzintervalle für den Prognosezielpunkt anzugeben; mit einer vorgegebenen Wahrscheinlichkeit fällt der zukünftige Wert in das Prognoseintervall. Es ist einleuchtend, daß das Intervall einerseits mit steigender Wahrscheinlichkeit, andererseits mit der Fristigkeit der Prognose zunimmt. Da die Prognose jedoch ein Anhalten des Trends impliziert, sind allzu langfristige Prognosen nur mit Vorsicht zu verwenden.

Für die Variablen x_2 und x_3 sind Prognosen bis 1980 in Tabelle 4 enthalten.

Tabelle 4. Prognosen der Variablen x_2 und x_3 bis 1980

(Sicherheitswahrscheinlichkeit 95%)

Variable x_2				Variable x_3			
Jahr	Trend	Prognoseintervall		Jahr	Trend	Prognoseintervall	
1972	445.30	412.53	478.08	1972	2696.31	2351.23	3041.39
1973	454.62	419.97	489.26	1973	2770.13	2405.35	3134.90
1974	463.93	427.39	500.48	1974	2843.94	2459.18	3228.70
1975	473.24	434.78	511.71	1975	2917.76	2512.76	3322.75
1976	482.56	442.15	522.97	1976	2991.57	2566.14	3417.01
1977	491.87	449.50	534.24	1977	3065.39	2619.33	3511.45
1978	501.18	456.84	545.52	1978	3139.20	2672.36	3606.04
1979	510.50	464.17	556.83	1979	3213.02	2725.25	3700.78
1980	519.81	471.48	568.14	1980	3286.83	2778.02	3795.64

Ein Beispiel mag Tabelle 4 erläutern: Variable x_2 (die Anzahl der Kundmachungen) liegt im Jahr 1973 mit einer Wahrscheinlichkeit von 95% im Intervall (419,97; 498,26). Als Mittelwert ist 454,62 zu erwarten.

4.3 Bedeutung von Methodik und Ergebnis

Die in den Abschnitten 4.1 und 4.2 durchgeführte Prognose der Bundesgesetzgebung bietet nur eine erste grobe Annäherung an die Problemstellung. Gegen die verwendete Methode und/oder Auswahl der Variablen lassen sich verschiedene Punkte der Kritik vorbringen. Dazu gehört insbesondere die Annahme, die Schwankungen im Output der Bundesgesetzgebung seien vom Zufall bedingt. Tatsächlich wird eine Verfeinerung des Modells jedoch diese Schwankungen weiter zu erklären haben.

Als solche Verfeinerungen sind denkbar:

1. Formelle Aufgliederung der Kundmachungen nach Verfassungs- und einfachen Gesetzen, Verordnungen, Kundmachungen i. e. S., etc.
2. Inhaltliche Aufgliederung nach Sachgebieten[27]; innerhalb der Sachgebiete nach Stammgesetzen und Novellen.
3. Aufgliederung nach Gesetzgebungsperioden.

Durch eine solche Typologie können einerseits materielle Gesetzesprognosen erstellt, andererseits interessante politologische Fragen beantwortet werden. Zu diesen zählt insbesondere das Problem, ob die Gesetzgebungstätigkeit sich am Beginn oder Ende einer Gesetzgebungsperiode konzentriert oder unabhängig von Wahlüberlegungen ist.

Eine Ergänzung der Regressionsanalyse durch andere Prognosetechniken, insbesondere durch die Delphi-Methode, ist jedoch auf jeden Fall zu empfehlen.

Was den Inhalt der Prognose betrifft, so erkennt man deutlich die Zunahme der gesetzgeberischen Tätigkeit nach Anzahl und Umfang der Kundmachungen. Hier zeigen sich wieder Querverbindungen zu den Versuchen, diese Informationslawine durch den Einsatz juristischer Datenbanken zu bewältigen. Auch unter diesem Aspekt erscheint eine verstärkte interdisziplinäre Zusammenarbeit für die Jurisprudenz von Vorteil.

Zusammenfassung

Als Fälle der Gesetzesprognosen können Prognosen der Schwerpunkte, des Inhalts und des äußeren Umfanges zukünftiger gesetzlicher Regelungen unterschieden werden. Da die Konstruktion umfassender Prognosemodelle wegen des Fehlens einer ausgereiften Strukturtheorie und der Schwierigkeiten der Quantifizierung im Recht nur in Ausnahmefällen möglich ist, bieten sich vor allem die folgenden Methoden der Gesetzesprognose an: 1. heuristische Methoden (Contextual Mapping, Morphologiemethode, Relevanzbäume), 2. Intuitive Methoden (Delphi-Methode, Cross-Impact-Matrix-Methode), 3. Statistische Methoden (Regressions- und Zeitreihenanalyse). Hierbei erweisen sich die intuitiven Methoden vor allem für eine Prognose des Inhalts, die statistischen Methoden vor allem für eine Prognose des Umfanges von Gesetzen geeignet. Als konkretes Beispiel wird eine Prognose des Umfanges der österreichischen Bundesgesetzgebung bis 1980 durchgeführt.

---

[27] Der Einwand, daß internationale Konventionen auf Grund ihres mehrsprachigen Textes den Umfang der BGBl. übermäßig beeinflussen und daher Prognosen verfälschen, wurde durch die Aufnahme von x_2 und x_3 in die Prognose berücksichtigt. Beide Reihen zeigen einen im wesentlichen gleichartigen Verlauf.

Summary

The prognosis of laws may be considered as involving prognosis of focus, prognosis of substance, and prognosis of volume of future statutory enactments. The construction of comprehensive prognosis models is possible only in exceptional cases, because of the lack of a mature theory of structures and the difficulties of quantification in the law; accordingly, as methods of prognosis of laws primarily the following ones are available: (1) heuristic methods (contextual mapping, morphological method, relevance trees); (2) intuitive methods (Delphi method, cross-impact-matrix method); (3) statistical methods (regression and time series analysis). The intuitive methods appear suited primarily for a prognosis of substance, the statistical methods for a prognosis of volume of laws. As an example, a prognosis is made of the volume of Austrian federal legislation until 1980.

Heinz Menne

Die Funktion von Sozialdaten im Juristischen Informationssystem für die Rechtsprechung

Zugleich eine Stellungnahme zum Bericht der Projektgruppe Juristisches Informationssystem an den Bundesminister der Justiz[1]

I. Beschreibungsversuche des Begriffs „Sozialdaten"

Der Begriff „Sozialdaten" taucht, soweit ersichtlich, erstmalig auf im Zusammenhang mit Überlegungen darüber, welche Art Information durch ein Juristisches Informationssystem verfügbar gemacht werden sollte. Er sollte alles das umfassen, was nicht eigentlich fachjuristische Information – Rechtsprechung und Lehre – ist, was aber gleichwohl für den richterlichen Entscheidungsprozeß nicht entbehrlich ist. So beschreibt der Bericht der Projektgruppe den Begriff „Sozialdaten" als solche Daten, „die empirisch ermittelbare Beschreibungselemente einer juristischen, sozialen und ökonomischen Situation sind und Grundlage juristischer Entscheidungen sein können"[1] und „Sie sollen zugleich den sozialen Bezug des Rechts im allgemeinen und im konkreten Einzelfall beschreiben"[1]. Er fordert zugleich dazu auf, „die Probleme der Verknüpfung von juristisch relevanten Texten und Sozialdaten" zu bearbeiten[2].

Das ist ein wesentlicher Schritt weiter gegenüber früheren Vorstellungen, die im Zusammenhang mit dem Juristischen Informationssystem entweder die Aufnahme von Sozialdaten überhaupt nicht erwähnten[3] oder sie vorläufig ausklammerten[4] oder ihre Aufnahme strikt ablehnten[5].

Der Versuch einer Beschreibung des Bedeutungsfeldes des Begriffs „Sozialdaten" durch den Bericht der Projektgruppe zeigt, daß eine gegenständliche Aufzählung all dessen, was unter Sozialdaten zu verstehen ist, nicht möglich ist.

---

[1] Das Juristische Informationssystem, Analyse – Planung – Vorschläge. Bericht der Projektgruppe aus Mitgliedern des Bundesministeriums der Justiz, der Gesellschaft für Mathematik und Datenverarbeitung und der C-E-I-R GmbH an den Bundesminister der Justiz, Karlsruhe 1972, hier: Abschnitt 7.3.2.

[2] a.a.O. Abschnitt 7.3.1.

[3] Juristisches Informationssystem mit Hilfe der Elektronischen Datenverarbeitung, Bericht der Arbeitsgruppe für Datenverarbeitung im Bundesministerium der Justiz vom 1. 2. 1970 (Beil. Nr. 8/70 zum BAnz. Nr. 41 v. 28. 2. 1970).

[4] 1. Zwischenbericht über die Arbeiten der Projektgruppe Juristisches Informationssystem an den Bundesminister der Justiz vom 1. 2. 1971 (Beil. Nr. 5/71 zum BAnz. Nr. 62 v. 31. 3. 1971) Abschnitt A 2.

[5] Materialien zum Bericht der Bundesregierung zur Lage der Nation 1972, Textziffer 693: „... von der Aufnahme (in das Dokumentationssystem, d. Verf.) bleiben unter allen Umständen Sozialdaten jeder Art ausgeschlossen, mögen sie rechtlich noch so interessant sein ...".

Diese Beschreibungsversuche kommen nicht aus ohne die Einbeziehung eines funktionalen Elements. Und das bedeutet schließlich nichts anderes, als daß unter Sozialdaten alle Fakten zu verstehen sind, die eine Funktion im Prozeß der richterlichen Urteilsbildung für zukünftige Entscheidungen haben können und nicht selbst fachjuristische Information sind. Ausgeschlossen werden dadurch neben Rechtsnormen und Präjudizien und juristischer Fachliteratur nur solche Fakten, die einen einmaligen Vorgang betreffen, dessen Wiederholung nicht wahrscheinlich ist und die auch als statistische Größe keinen Belang haben.

II. Die Funktion von Sozialdaten im richterlichen Entcheidungsprozeß

1. Als Bestandteil der Folgenanalyse

Das Problem der Einbeziehung von Sozialdaten in den richterlichen Entscheidungsprozeß wird sichtbar bei der operationalen Analyse richterlichen Problemlösungsverhaltens. Der Bericht der Projektgruppe[6] übernimmt das verkürzte „12-Operationen-Modell der Rechtsfindung" von *Adomeit*[7]. Die Operationsstufe, auf die es in diesem Zusammenhang ankommt, ist die Folgenanalyse, im Bericht der Projektgruppe[8] zu eng Rechtsfolgenanalyse genannt. In dieser Operationsstufe werden nicht mehr subsumierend Tatsachen den Tatbeständen zugeordnet und deduktiv aus dogmatischen Obersätzen konkrete Teilsätze abgeleitet, hier herrscht vielmehr final orientiertes Denken vor, ein Denken vom Ergebnis her[9].

Die Relevanz dieser Folgenanalyse als legitime Operation richterlichen Entscheidungsprozesses impliziert die Anerkennung der Tatsache, daß ein Urteil nicht allein das Aufarbeiten eines historischen Sachverhalts ist, sondern auch unmittelbare Wirkungen äußert auf die zukünftige gesellschaftliche Wirklichkeit. Das Bedenken eben dieser Änderungen, die das zu fällende Urteil bewirkt, und ihre Berücksichtigung als eines Richtigkeitskriteriums im Entscheidungsprozeß zum Urteil hin hat die Wirkung von Rückkoppelung im kybernetischen Modell des Regelkreises.

Die schwächste Stelle der diese Operation bildenden Gedankenkette ist die für die Folgenanalyse unerläßliche Prognose dessen, was das in statu nascendi befindliche Urteil bewirken wird. Für diese Prognose steht dem Richter keinerlei Wissen aus seinem Fachstudium zur Verfügung. Er benötigt hierzu Informationen, die es zwar gibt und die auch auf allen denkbaren Informationskanälen übermittelt werden, jedoch zu dem Zeitpunkt, zu dem sie benötigt werden, nicht gezielt greifbar sind. Mit Recht bezeichnet der Bericht der Projektgruppe[10] die Operationsstufe der Folgenanalyse als den Ort, an dem die Schnittstelle zu den Sozialdaten liegt. An dieser Stelle sind sie das Einfallstor der Lebenserfahrung

---

[6] Abschnitt 3.3.3.4.

[7] *Klaus Adomeit*, Methodenlehre und Juristenausbildung, ZRP 1970, S. 176 ff.

[8] a.a.O. (Anm. 6).

[9] Durchaus schon enthalten z. B. in BGHZ 18, 226 — warum der Motor eines Kfz. nicht wesentlicher Bestandteil ist —.

[10] a.a.O. (Anm. 6).

im weitesten Sinne, sie können dem Richter die konkreten Daten liefern, die er für die Folgenanalyse benötigt. Daß ihm diese Daten fehlen und er stattdessen mit pauschalen Annahmen aus dem diffusen Bodensatz von irgendwann einmal Gehörtem oder irgendwo einmal Gelesenem aushelfen muß, ist nicht selten der Ansatzpunkt für die Kritik gerichtlicher Entscheidungen als weltfremd und macht solche Entscheidungen so schwer akzeptabel.

2. Als Problematisierungsanstoß

Die Funktion der Sozialdaten, eine Überprüfung der geplanten Entscheidung mit Hilfe der Folgenanalyse zu ermöglichen, kann nur effektiv werden, wenn der richtige Ansatz zu dieser Folgenanalyse gefunden wird. Bei vielen Entscheidungen liegt der erste Schritt zu gültigen Problemlösungen darin, daß dem Richter überhaupt erst einmal die richtige Frage in den Blick kommt, daß es ihm gelingt, im außerjuristischen Bereich Fragestellungen zu erkennen. Im juristischen Bereich gelingt ihm das aufgrund seines Präsenzwissens und seiner Kenntnis systematischer Zusammenhänge. Im außerjuristischen Bereich ist das Vorhandensein des einen oder des anderen eine Frage seines privaten Interesses. Sozialdaten sollten daher nicht nur Auskunft auf gestellte Fragen geben, sondern durch geeignete Verknüpfungen im Juristischen Informationssystem selbst zu Fragestellungen anregen.

Eine dieser denkbaren Verknüpfungen könnte die mit Urteilskritiken sein. Dabei ist nicht in erster Linie an solche Anmerkungen gedacht, wie sie in Fachzeitschriften für Juristen zu finden sind. Man wird annehmen dürfen, daß immer dann, wenn in der Öffentlichkeit ein Urteil als weltfremd gescholten wird, die Ursachen hierfür in der Unterlassung der Folgenanalyse oder in dem Nichterkennen außerjuristischer Fragestellungen liegen. Solche in der Öffentlichkeit geäußerte Urteilsschelte und Urteilskritik sollte aus allen Informationsmedien ausgewählt und gespeichert und so mit der kritisierten Entscheidung verknüpft werden, daß sie über die gespeicherte Entscheidung angezeigt wird und danach abgerufen werden kann[11]. Reaktionen in der Öffentlichkeit auf Urteile können Anregungen zu Fragestellungen sein. Gespeicherte Kritik erreicht zwar als feed back nicht mehr den Entscheidungsprozeß des kritisierten Urteils wohl aber über das juristische Informationssystem weitere Entscheidungsprozesse weiterer Urteile. Führt die so der Rechtsprechung zugänglich gemachte Kritik dazu, daß weitere unakzeptable Urteile verhindert werden, wäre letzteres das Ergebnis eines Lernprozesses. Die Methode des trial and error ist zwar die umständlichste eines Lernprozesses, aber sie gehört wenigtens zu einem solchen. Die Speicherung solcher Kritik bewirkte noch ein übriges, indem sie die Funktion der öffentlichen Kritik als eines Teiles des Rechtsschutzes des einzelnen Bürgers an der Stelle effektiv macht, wo es um den Rechtsschutz des Bürgers geht, im gerichtlichen Verfahren.

---

[11] Ein Beispiel solcher Kritik zu einem BGH-Beschluß (Fall Rechtsanwalt *Schily*) findet sich im „Spiegel" vom 4. 9. 1972, Seite 67, rechte Spalte:

„Die Möglichkeit schließlich, *Gudrun Ensslin* habe die Botschaft von ihrem Zellenfenster per Sichtkontakt zu dem etwa 130 Meter entfernten, für jedermann zugäng-

3. Als Argumentationshilfe

Das Juristische Informationssystem will mehr sein als eine Kartei, die man zum Laufen bringt, mehr auch als ein automatisierter Palandt[12] und man weiß doch noch nicht, ob man sich nicht in Zukunft auf eine ganz anders geartete Informationsstruktur einzustellen haben wird[13]. Es steht zu befürchten, daß mit einer bloß perfektionierten Präjudizienfindung diese neue Informationsstruktur zum Schaden der Rechtsprechung verhindert wird. Eine bloße Verbesserung der Methode der Informationsgewinnung mit noch so viel Komfort an Schnelligkeit und Bequemlichkeit ist qualitativ nichts anderes als ein überdimensionierter Kommentar mit einem kolossalen Index.

Auch die Benutzerforschung, die Bedürfnisse und Fragestellungen nur am bisherigen Informationsverhalten und nur im juristischen Teilbereich des Problemlösungsverhaltens untersucht, muß ihr Ziel verfehlen. Die Verfügbarkeit solcher Sozialdaten, die dem außerjuristischen Bereich entstammen und die über die Folgenanalyse eine Kontrolle der Außenwirkung des Urteils erst ermöglicht, scheint der einzige Weg zu sein, zu verhindern, daß der Richter der Zukunft am Bildschirmterminal nicht nur rezipiert, sondern mit Hilfe des ihm angebotenen Materials auch reflektiert[14].

Daß diese Gefahr weder eine rein theoretische noch gar eine böswillige Unterstellung ist, zeigt die Überlegung, daß das Vorhandensein eines Informationssystems dem Richter geradezu anbietet, anstatt sich auf die mühsame Suche nach Argumenten zu begeben, seine Überlastung dadurch abzubauen, daß er die Argumente derjenigen Entscheidung übernimmt, die in dem ähnlichsten Präzedenzfall ergangen ist. Je größer die Zahl der gespeicherten Rechtsprechungstexte ist, um so eher findet sich ein dem zu entscheidenden Sachverhalt ähnlicher Urteilstatbestand. Diese Gefahr der unerkannt entstehenden Sachzwänge muß zu einer Petrifizierung des Rechts führen. Da ohnehin dem Richter, der von dem gebahnten Weg der Präjudizien abweichen will, die Last

---

lichen Korridor des benachbarten Landgerichts übermittelt, taten die Karlsruher Bundesrichter mit einem *Argument aus dem vorigen Jahrhundert* ab. Der Empfänger hätte die umfangreiche Botschaft ablesen und mühevoll „wieder zu Papier gebracht haben" müssen.

Daß er den Inhalt des mit einem Feldstecher auf diese Entfernung gut lesbaren Schriftstücks gleich auf Tonband gesprochen haben oder – noch einfacher – das Papier mit einem Teleobjektiv (bei einer Brennweite von 800 mm auf 130 Meter Entfernung sind Buchstaben bis zu einem Zentimeter Größe erfaßbar) abgelichtet haben könnte, *hat sich den hohen Richtern in ihren stillen Stuben der abgeschiedenen alten Residenzstadt nicht erschlossen."* (Hervorhebungen vom Verf.)

[12] *Joseph Fabry* auf der 25. Tagung der Deutschen Richterakademie in Bad Dürkheim am 10. 11. 1971.

[13] *Spiros Simitis* auf der 25. Tagung der Deutschen Richterakademie in Bad Dürkheim am 8. 11. 1971.

[14] Dasselbe meint wohl auch *Bernt Bühnemann,* Benutzerbedürfnisse und juristische Datenbanken, DVR 1972, S. 99 mit dem wohl etwas unglücklichen Wort von der Erziehung des Benutzers in seinem Informationsverhalten.

der Argumentation aufgebürdet ist, muß dasselbe System, das die Macht der Präjudizien so ungeheuer verstärkt, diese Argumentation durch die Bereitstellung der Sozialdaten für die Folgenanalyse erleichtern.

Zusammenfassung

Nach einer theoretischen Erörterung bisheriger Beschreibungsversuche des Begriffsinhalts von Sozialdaten untersucht der Aufsatz die Funktion von Sozialdaten im richterlichen Entscheidungsprozeß. Als Bestandteil der Folgenanalyse, einer Operationsstufe richterlicher Problemlösungsmethode, können Sozialdaten, die über ein Juristisches Informationssystem abrufbar sind, als Einfallstor von Lebenserfahrung im konkreten Entscheidungsprozeß dienen. Als Problematisierungsanstoß sollen sie – z. B. über gespeicherte Urteilsschelte – dem Richter Wissen vermitteln, das ihm Veranlassung gibt, bei seinem Problemlösungsverhalten Fragestellungen zu erkennen, die im außerjuristischen Bereich liegen, gleichwohl aber entscheidungserheblich sind. Die Verknüpfung solcher Kritik mit gespeicherten Präjudizien macht sie nutzbar als feed back für künftige Entscheidungen und damit zugleich die Funktion öffentlicher Kritik zu Nutzen des Rechtsschutzes des Bürgers im gerichtlichen Verfahren effektiv. Als Argumentationshilfe sind Sozialdaten unerläßlich, weil ein System, das infolge nahezu perfekter Informationswiedergewinnung die Macht von Präjudizien so ungeheuer verstärkt, demjenigen Richter, der vom gebahnten Weg der Präjudizien abweichen will, die ihm aufgebürdete Argumentationslast erleichtern muß, wenn eine Petrifizierung des Rechts vermieden werden soll.

Summary

Beginning with a theoretical discussion of presently existing approaches to describing the substantive content of social data, the article makes an inquiry into the function of social data in the judicial decision-making process. As a part of the analysis of consequences – one of the operational stages in the problem-solving methods of judges – social data which are retrievable from a legal information system may serve as an avenue for introducing real-life experiences into the actual decision-making process. As a problemization impulse they are intended to convey information to judges – such as by way of stored criticism of decisions – which may cause them to recognize problem areas in their decision-making behavior which are extra-legal but nevertheless of relevance in reaching decisions. Tying such criticism with store precedents will utilize it as feed back for future decisions and will at the same time make effective the function of public criticism to the benefit of legal protection of the citizens in judicial proceedings. As an aid in argumentation, social data are indispensable because a system, which as a result of almost perfect information retrieval reinforces the power of precedents so enormously, must facilitate the burden of argumentation for those judges who want to deviate from the established path of precedents, if a petrification of the law is to be avoided.

Hans Herbert Schulze

Zum Problem der Hochschulausbildung für die automatisierte Datenverarbeitung (ADV)

Übersicht

Deskriptoren

Automatisierte Datenverarbeitung (ADV), ADV-Ausbildung, Hochschulausbildung, Juristenausbildung, Anwendung der ADV, juristische Anwendung der ADV, Informatik, Kerninformatik, Betriebsinformatik, Rechtsinformatik.

Wie in allen Lebensbereichen ist die Zunahme der Informationsverarbeitung und in ihrer Folge die Notwendigkeit, diese Arbeit mit zweckmäßigen Mitteln schnell, vielseitig und sicher sowie wirtschaftlich zu bewältigen, auch für den Juristen in Rechtsbildung, Rechtsprechung, Rechtspflege und öffentlicher Verwaltung heute Realität geworden. Dieser Tatbestand, zum wesentlichen auch Thema des Deutschen Juristentages 1970, hat zu breiter Diskussion über die damit entstehenden, für die meisten Juristen neuartigen Probleme einer komplexen Technologie und völlig veränderter Verwaltungsmethoden geführt, die letztlich auch zur Schaffung der Zeitschrift „Datenverarbeitung im Recht" beigetragen hat[1].

Ein besonderes Teilproblem innerhalb dieser Materie stellt die Notwendigkeit dar, über den Bereich der ADV und ihrer Anwendung im Recht nicht nur zwischen Experten zu diskutieren, sondern Juristen systematisch mit diesem

[1] Vgl. Vorwort der Herausgeber der Zeitschrift „Datenverarbeitung im Recht", 1. Jg. 1972, Heft 1.

Instrumentarium der Informationsverarbeitung bereits während ihrer Ausbildung vertraut zu machen, damit sie ihre eigentlichen Aufgaben, die Lösung von Rechtsfragen, mithilfe dieses Instrumentariums später auch effizient angehen können[1a].

Nun stellt eine zweckmäßige akademische Ausbildung für die ADV ihrerseits wieder ein mehrschichtiges Problem dar, das in der Bundesrepublik bisher keinesfalls zufriedenstellend gelöst worden ist. Diese Fragen und Ansätze für eine Lösung im Bereich des Rechts sollen in diesem Aufsatz dargestellt werden, um die Diskussion auch auf diese wichtigen Grundlagen einer zweckmäßigen Datenverarbeitung im Recht zu lenken.

1. Zur Notwendigkeit einer ADV-Ausbildung im Hochschulbereich

10 Anwendung der ADV in allen Lebensbereichen

Allein an der Zahl der eingesetzten automatisierten Datenverarbeitungsanlagen kann die zunehmende Bedeutung der ADV in der Bundesrepublik, wie übrigens in allen industrialisierten Ländern, in den letzten Jahren schlaglichtartig verdeutlicht werden. Waren Anfang 1968 in der Bundesrepublik 3863 Rechner (ohne Rechner der mittleren Datentechnik) installiert, so waren es zwei Jahre später bereits 6329 und Anfang 1972 10 628 Anlagen[2]. Diese nahezu explosionsartige Zunahme eingesetzter Rechner wird sich auch in den kommenden Jahren mit nur unbedeutender Abflachung mit Sicherheit fortsetzen.

Noch interessanter als die absolute Zahl der Anlagen ist jedoch eine detaillierte Betrachtung der Anwendungsbereiche, wird doch daran deutlich, daß die Computer durchaus nicht nur dazu dienen, Löhne und Gehälter zu berechnen, Lagerbestände zu überwachen und ähnliche Massenaufgaben im kaufmännisch-organisatorisch-administrativen Bereich der Wirtschaft zu übernehmen. Eine repräsentative Studie mit Stichtag vom 1. Juli 1970[3] zeigt, daß zwar die Unternehmungen der privaten Wirtschaft mit etwa 75% der Rechner die bei weitem zahlreichsten Anwender sind, daß aber die öffentliche Verwaltung mit 6,4% sowie Wissenschaft und Forschung mit 9,6%[4] bereits namhafte Größenordnungen darstellen, wenn man von der Gesamtzahl der Rechner heute ausgeht. Leider existiert eine ähnlich repräsentative Untersuchung wie die eben erwähnte aus allerjüngster Zeit noch nicht. Jedoch kann aufgrund der Erfahrung

---

[1a] Zu dem vielfältigen Problem juristischer Anwendungen nimmt auch eine umfangreiche Publikation des Bundesministeriums für Justiz Stellung, in der insbesondere die Voraussetzungen, Möglichkeiten und Techniken eines juristischen Informationssystems gründlich untersucht werden. Leider werden Ausbildungsfragen in diesem Zusammenhang nicht erörtert. Vgl. Das Juristische Informationssystem – Analyse, Planung, Vorschläge. Bericht des Projektes BMJ/GMD/C-E-I-R, hrsg. vom Bundesministerium der Justiz, 1972.

[2] Zahlen nach Diebold-Statistik für die Bundesrepublik vom 1. 1. 1968, 1. 1. 1970 und 1. 1. 1972.

[3] *J. Becker, J. Woit, H. Zajonk,* Der Einsatz der elektronischen Datenverarbeitung in der Bundesrepublik Deutschland 1970, hrsg. vom Ausschuß für wirtschaftliche Verwaltung e.V. AWV und der Gesellschaft für Kernforschung GmbH, Karlsruhe 1971.

[4] Vgl. *J. Becker, J. Woit, H. Zajonk,* a.a.O., S. 2.

gesagt werden, daß der Anteil der Anwender im Bereich der öffentlichen Hand und außerhalb der privaten Wirtschaft gegenüber dieser selbst mit Sicherheit überproportional wächst.

Es ist ferner festzustellen, daß insbesondere aus dem Blickwinkel des Juristen interessante ADV-Anwendungen nicht nur im Bereich der öffentlichen Hand zunehmen, sondern auch in der privaten Wirtschaft. Hierbei springen vor allem durch neue ADV-Techniken (wie z. B. Teilnehmerbetriebssysteme = dezentralisierter direkter Zugriff mehrerer Benutzer zu zentralen Großdatenverarbeitungsanlagen oder Datenbanksysteme = Möglichkeit der dezentralen Abfrage zentral gespeicherter Daten und ähnlicher Anwendungen) implizierte neue Probleme wie der Schutz vorhandener Daten gegen Indiskretion einerseits und unerlaubte Manipulation andererseits ins Auge[5].

Neben den Rechnereinsatz in der öffentlichen Verwaltung, die durch ihre starke Verflechtung mit Gesetzgebung und Gesetzesausführung gewissermaßen „kraft Amtes" eine Domäne des Juristen sein muß, tritt also als zweiter Anwendungsbereich, in dem auch Juristen, neben anderen Fachleuten natürlich, zunehmend mitwirken müssen, der Teil der privatwirtschaftlichen ADV-Anwendung, der durch Informationsverknüpfungsmöglichkeiten über die Unternehmensgrenzen hinaus öffentliches Interesse zu wecken beginnt.

Schließlich ist ganz klar ein dritter Bereich der ADV-Anwendung zu erkennen, in dem der Jurist in eigener Sache tätig zu werden beginnt, indem er die Techniken der ADV für seine eigene Arbeit der Rechtsprechung in weitestem Sinne einsetzt. In kurzen Worten kann die Arbeit des Juristen wohl dahingehend charakterisiert werden, daß er es im wesentlichen mit Informationen zu tun hat: Normative Informationen (Gesetzestexte und andere ähnliche Informationen wie z. B. ergangene höchstrichterliche Entscheidungen) sind mit faktischen Informationen (über Tatbestände rechtsstreitiger Art) in Beziehung zu setzen und anschließend Beschlüsse als anweisende Informationen (Entscheidungen, Urteile) zu erlassen, deren Realisierung notfalls auch noch kontrolliert werden muß. Die anweisende Information wird möglicherweise ihrerseits wieder zur normativen Information für spätere gleichgelagerte Fälle.

Man möge als Jurist dem Verfasser dieser vielleicht juristisch nicht exakten Darstellung insofern nachsichtig begegnen, als die Tätigkeit des Juristen aus der Sicht des Datenverarbeiters diese oben geschilderte Struktur tatsächlich zu haben scheint. Ergebnis dieser Überlegungen ist also, daß es offensichtlich eins der Kernprobleme des Juristen sein muß, insbesondere die Vielfalt der hier sogenannten normativen Informationen für den Einzelfall schnell, sicher und detailliert zugänglich zu machen.

Das Problem einer Datenbank für unmittelbare Zwecke des Juristen stellt sich für den Datenverarbeiter in eben der beschriebenen Art dar.

---

[5] Vgl. z. B. *H. D. Genscher,* Das bundeseinheitliche Personenkennzeichen, in: IBM-Nachrichten, 22. Jg. 1972 S. 259 ff. und *A. Osswald,* Computer im Dienste moderner Gesellschaft- und Sozialpolitik, in: IBM-Nachrichten, 22. Jg. 1972 S. 266 ff., um nur wahllos zwei Publikationen von kompetenter Hand zu nennen.

Mit der Lösung der Frage nach einer zweckmäßigen Technik zur Verbesserung und Erleichterung des Rechtsprechungsvorganges ist jedoch für den Juristen das Problem einer ökonomischen ADV-Anwendung noch nicht erschöpft. Dabei soll hier ausdrücklich betont werden, daß der eigentliche Rechtsprechungsakt keinesfalls von einer Maschine übernommen werden soll. Dies bleibt einzig und allein dem Juristen selbst vorbehalten. Hilfe wird ihm vom Computer nur durch Unterstützung bei der Informationsbeschaffung gegeben. Weitere Voraussetzung für solche Anwendungen ist es jedoch, normative Informationen so zu formulieren, daß ihre Verarbeitung mithilfe des Rechners einerseits ermöglicht wird, andererseits aber der Informationsgehalt selbst, die Bedeutung der Informationen also, auch entsprechend dem ursprünglichen Sinn voll zur Geltung kommt. Diese hier nur kurz angerissene Fragestellung greift meines Erachtens tief in die gewachsene Struktur der Jurisprudenz als Wissenschaft ein und muß neuartige Forschungsaufgaben auch aus der Sicht des Juristen implizieren[6].

Aus diesen kurzen Betrachtungen läßt sich ableiten, daß in der Zukunft

1. jeder Jurist eine Reihe von ADV-Techniken für seine Arbeit benötigen wird, mit deren Grundlagen er zweckmäßigerweise bereits während seiner Ausbildung an Hochschule und im staatlichen Vorbereitungsdienst vertraut gemacht werden sollte und
2. eine kleinere Gruppe von Juristen sich weit über diesen Kenntnisstand hinaus mit dem Problem einer rechtsadäquaten ADV-Anwendung in Forschung, Praxis und Lehre befassen muß, um u. a. die unter 1. genannten Aufgaben einer Ausbildung eigenständig aus der Sicht des Juristen zu lösen.

11 Ansprüche an eine akademische ADV-Ausbildung

Die Forderungen, die an eine akademische Ausbildung für die automatisierte Datenverarbeitung gestellt werden müssen, sind aus zweierlei Sicht zu formulieren, wobei es sorgfältig vermieden werden muß, Diskrepanzen entstehen zu lassen. Diese zwei Blickrichtungen sind einerseits die Notwendigkeit, aus individueller Sicht des Auszubildenden ihn intellektuell in die Lage zu versetzen, die Möglichkeiten des ADV-Instrumentariums voll auf seine fachspezifischen Aufgabenstellungen zu übertragen, um eine weitestgehende und effiziente Erfüllung zu erreichen. Aus gesellschaftspolitischer Sicht muß jedoch auch hinreichend dafür gesorgt werden, daß Folgeerscheinungen aus der Computeranwendung sich in sozial vertretbaren Formen halten, d. h. daß bei allen Maßnahmen, die mithilfe von Rechnern durchgeführt werden, ständig im Auge behalten wird, daß der Rechner nur Instrumentarium, nur „Hilfs"-Mittel ist, der primären Aufgaben dient, wobei der Ausdruck „dienen" hier wörtlich zu verstehen ist.

Für die Ausbildung selbst, und somit auch für eine neue Forschungsrichtung im

---

[6] Eine ganze Reihe solcher Problemstellungen ist bereits in der Vorankündigung künftiger Beiträge der Zeitschrift „Datenverarbeitung im Recht" im Band 1, Heft 1 1972 enthalten, so daß hier auf Einzelheiten verzichtet werden kann.

Bereich juristischer Wissenschaft, ergeben sich also einerseits Notwendigkeiten, die Anwendungstechnologie der Rechner aus der Sicht juristischer Aufgabenstellungen zu vermitteln, andererseits aber die übergreifenden Beziehungen zwischen zu lösenden Problemen, Information, maschineller Informationsverarbeitung, Rechtssystem und letztlich der Gesellschaft nicht zu übersehen. Zwar scheint aus der Sicht des Juristen die Gefahr des Übersehens solcher Zusammenhänge insofern nicht so groß zu sein, als er von der Materie des Rechts her ohnehin solchen Gedankengängen nahesteht. Aus der Sicht des Datenverarbeiters muß aber ausdrücklich diese Problematik vorgetragen werden, da in der täglichen Erfahrungswelt der ADV-Anwendung diese Zusammenhänge durchaus nicht selten auf den Kopf gestellt werden, indem das Mittel zum Selbstzweck gemacht wird, dem sich die ursprüngliche Aufgabe, die das Mittel lösen helfen sollte, unterzuordnen hat[7].

Die Gründe für das Überwuchern des Mittels über die Aufgabe sind vielfältiger Art und heute zur Gänze noch gar nicht bekannt. Einige Beispiele lassen die tatsächliche Gefahr deutlich werden. Zuerst darf eine gewisse Technologiefreudigkeit des modernen Menschen genannt werden, die nicht selten in Technologiehörigkeit pervertiert. Dabei soll hier nicht etwa für eine Verdammung naturwissenschaftlich-technischer Methoden eingetreten werden[8]. Es erscheint nur notwendig, Technologie humanen Zielen sinnvoll unterzuordnen. Hinzu kommt die Tatsache, daß die neue Technologie der ADV heute bereits ein so umfangreiches Wissensgebiet geworden ist, daß es für einen Menschen allein vielleicht gerade noch überschaubar, nicht aber mehr beherrschbar ist. Der Einsatz dieser Technologie verlangt bei den verantwortlichen Entscheidungsträgern einen sehr hohen spezifischen Wissensstand, der neben dem eigentlichen Fachwissen im Anwendungsbereich vorhanden sein müßte, es leider jedoch von Fall zu Fall nicht ist. Als Folge davon begibt sich der Entscheidungsträger und Verantwortliche in Abhängigkeit von nachgeordneten Stellen, z. B. der ADV-Spezialisten, die somit aus dem zweiten oder dritten Glied heraus zur eigentlichen Entscheidungsgewalt aufsteigen, ohne jedoch auch die gesamte Verantwortung zu tragen.

Auch aus dieser Sicht erscheint eine breite akademische Grundausbildung für eine zweckmäßige ADV-Anwendung in allen wissenschaftlichen Fachdisziplinen, die dieses Mittel über kurz oder lang einsetzen werden, notwendig.

---

[7] Vgl. hierzu beispielsweise die interessanten Untersuchungen von *K. Bednarik*: Die Programmierer. Eliten der Automation, Wien-München 1965 sowie *U. Jaeggi* und *H. Wiedemann*, Der Angestellte im automatisierten Büro. Betriebssoziologische Untersuchung über die Auswirkungen elektronischere Datenverarbeitung auf die Angestellten und ihre Funktion, 2. Aufl. Stuttgart 1966.

[8] Der Verfasser befindet sich in voller Übereinstimmung mit den Ansichten *Steinbuchs* zu diesem Problem, wie sie programmatisch in dessen Schriften niedergelegt sind. Vgl. *K. Steinbuch,* Falsch programmiert, Stuttgart 1968 und *K. Steinbuch,* Programm 2000, Stuttgart 1970.

12 Ausbildungsrichtungen im Bereich der automatisierten Datenverarbeitung

Um die volle Skala des Bereichs der ADV, ihres augenblicklichen technologischen Standes und ihrer Anwendungsmöglichkeiten und -grenzen überschaubar zu machen, sollen hier alle Ausbildungsrichtungen dargestellt werden, die insgesamt volkswirtschaftlich notwendig erscheinen[9]. Es sind dies einerseits Ausbildungsgänge für solche Kräfte, die Rechner selbst sowie ihre Grundsoftware (Betriebssysteme, insbesondere Programmiersprachen) entwickeln und verbessern und schließlich die Anlagen technisch betreuen und warten. Diese Berufsrichtungen der ADV sind aus der Sicht der juristischen Ausbildung praktisch ohne Bedeutung. Daneben treten jedoch die mehr anwendungsorientierten Tätigkeiten, die vom Betreiben des Rechners (Operating) über die Erstellung von Anwendungsprogrammen (Programmierung) bis zur Gestaltung ganzer Anwendungsbereiche (Systementwicklung, Systemplanung, Organisation) immer höhere Qualifikationen erfordern. Schließlich bleibt der Ressortfachmann im Anwendungsgebiet selbst zu erwähnen, der, ohne unmittelbar Datenverarbeiter zu sein, sich das Instrumentarium der ADV nutzbar zu machen in der Lage sein muß.

Aus diesem Katalog von Tätigkeiten, für die ja irgendwo auch eine entsprechende Ausbildung vorhanden sein muß, können das Operating und die Programmierung aus der Sicht der hier zu behandelnden Problemstellung herausgenommen werden, da diese Ausbildung sicher nicht in den akademischen Bereich gehört. Die beiden letzten Kategorien (Systementwicklung und eigentlicher Anwender) gehören jedoch in den aktuellen Fragenkomplex hinein. Sie entsprechen den unter 10 genannten beiden Notwendigkeiten, denen eine akademische Ausbildung für Juristen im Bereich der ADV-Anwendung unterliegt.

Betrachtet man mögliche ADV-Anwendungen, so können diese unter einer Reihe von Gesichtspunkten zu einer sehr unterschiedlichen Anwendungstechnologie führen. Diese Gesichtspunkte oder Merkmale sind a) die Beziehungen zwischen ein- und auszugebenden Datenmengen und der internen Verarbeitungsstruktur eines Arbeitsbereichs, b) die Beziehungen zwischen dem Arbeitsbereich und benachbarten Arbeitsbereichen und schließlich c) die Häufigkeit des Auftretens der zu lösenden Aufgabenstellung im Zeitablauf.

zu a) Hinsichtlich dieses Merkmals reicht die Skala der Anwendungen von solchen Fällen mit massenweiser Datenein- und -ausgabe bei einfachster Verarbeitungsstruktur (typisch dafür ist ein großer Teil kaufmännisch-organisatorisch-administrativer Anwendung, die als ein/ausgabeintensiv zu bezeichnen sind) bis zu relativ geringfügiger Datenein- und -ausgabe bei kompliziertester Verarbeitungsstruktur (typisch dafür sind Anwendungen im Bereich der Prozeßsteuerung wie z. B. die Lenkung von Weltraumfahrzeugen. Sie können als rechenintensiv bezeichnet werden.)

zu b) Hinsichtlich dieses Merkmals besteht ebenfalls eine Skala von Anwendungsfällen, die von total isolierten Aufgaben (typisch die mathematisch-

---

[9] Ausgelassen wird nur das Personal für die Datenerfassung.

technische Berechnung eines Ingenieurs) bis zu weitestgehend integrierten Problemstellungen reichen (typisch ein sogenanntes Management-Informations-System, wie es heute in der Literatur vielfältig behandelt, in der Praxis jedoch nur selten und unvollkommen praktiziert wird).

zu c) Schließlich können Anwendungsfälle in einer Skala von einmaliger Bearbeitung (typisch eine Sonderstatistik, die in dieser Form nicht wiederholt wird) bis zu Dauerwiederholung variieren (typisch die meisten kaufmännisch-organisatorischen Aufgaben wie Buchhaltung, Fakturierung usw.).

In der historischen Entwicklung der ADV-Anwendung standen zwei große Gruppen von Anwendungstypen am Beginn. Einerseits waren es mathematisch-technisch-wissenschaftliche Anwendungen, die mehr rechenintensiv, isoliert und einmalig auftraten, während die Gruppe der kaufmännisch-organisatorisch-administrativen Anwendungen ihrerseits mehr ein/ausgabeintensiv, stärker integriert und praktisch immer als Daueraufgaben zu charakterisieren war.

Aus diesen Eigenarten, die sich heute übrigens durch zunehmende Annäherung verwischen, ist zunächst für die Ausbildung eine Besonderheit entstanden, die sich ungewöhnlich stark auf die gesamten Vorstellungen über akademische Ausbildungsinhalte im Bereich der ADV ausgewirkt hat[10]: In der Ausbildung von Ingenieuren, Mathematikern und Naturwissenschaftlern ist seit längerer Zeit üblich geworden, daß eine mathematisch orientierte Programmiersprache schon während des Studiums erlernt wird, um die während der Ausbildung auftretenden fachgebundenen Rechenprobleme, die den oben beschriebenen Charakter haben, auf dem Rechner der Hochschule lösen zu können. In diesen Ausbildungsbereichen hat sich also eine ganz erhebliche Vertrautheit mit dem Rechner aus der Sicht dieser spezifischen Anwendung verbreitet. In anderen Ausbildungsbereichen akademischer Art, stellvertretend sei hier der wirtschaftswissenschaftliche genannt, war die eben geschilderte Art der Ausbildung gar nicht möglich, weil mit dem Erlernen einer Programmiersprache allein eine sinnvolle ADV-Anwendung nicht vollzogen werden konnte. Dies liegt darin begründet, daß kaufmännisch-organisatorische Problemstellungen bereichsübergreifend sind und deshalb erhebliche systemplanerische und organisatorische Vorarbeiten erforderlich machen. Es sei aber in diesem Zusammenhang darauf hingewiesen, daß heute in etwa 70 bis 75% aller Anwendungsfälle für Computer eben solche kaufmännisch-organisatorischen Aufgabenstellungen gelöst werden, womit die Diskrepanz zwischen technisch-naturwissenschaftlicher Ausbildung einerseits und anderen akademischen Ausbildungsgängen hinsichtlich der ADV-Anwendung deutlich wird. In diesen benachteiligten Ausbildungsgängen ist somit eine erhebliche Zeitverzögerung gegenüber dem Ingenieurstudium entstanden, und nur wenige Hochschulen konnten bisher dank besonderer Initiative einiger weitsichtiger Hochschullehrer wirtschaftswissenschaftlich orientierte ADV-Ausbildungsgänge aufbauen[11].

---

[10] Vgl. den Abschnitt 20 dieses Aufsatzes.

[11] Zu diesen wenigen Hochschulen gehören insbesondere die Universität zu Köln (Prof.

Welche erheblichen Konsequenzen sich aus dieser zufälligen, an typischen Anwendungsfällen orientierten Differenzierung in der Ausbildung zur ADV-Anwendung an allen Hochschulen der Bundesrepublik ergeben haben, soll der Abschnitt 2 darstellen.

Vorher muß aber noch eine Einordnung rechtlicher ADV-Anwendungs-Charakteristik erfolgen. Sicher ist es heute nicht mehr richtig, nur noch von den oben beschriebenen zwei typischen ADV-Anwendungsformen allein auszugehen, da sie nur eine historische Durchgangsstation darstellen. Inzwischen hat sich durchaus eine Annäherung vollzogen. Trotzdem kann aber mit Fug und Recht gesagt werden, daß für Juristen interessante ADV-Anwendungen, wenn man auf die unter 10 beschriebenen Fälle zurückgeht, eher die Charakteristik integrierter Daueraufgaben besitzen. Daraus folgt, daß eine zweckmäßige ADV-Ausbildung für Juristen sich nicht einfach auf eine Programmiersprache beschränken kann, sondern erheblich umfangreicher zu sein hat. Es ist sogar wahrscheinlich, daß eine Programmiersprache für die meisten Juristen bedeutungslos ist.

2. Zum gegenwärtigen Stand der ADV-Ausbildung an Hochschulen der Bundesrepublik

20 Das Problem des sogenannten Informatik-Studiums

Aus den im Abschnitt 12 beschriebenen Tatsachen heraus ergab sich zwangsläufig, daß man sich an Technischen Hochschulen bzw. in den technisch-mathematisch-naturwissenschaftlichen Disziplinen sehr viel eher mit dem Rechner und seiner Nutzbarmachung für die eigenen Aufgaben befaßte als in allen anderen Bereichen der Hochschulen. Verstärkend trat hier noch das selbstverständliche Interesse des Ingenieurs am Rechner als technisches Produkt hinzu, das seine Ambitionen zur konstruktiven Verbesserung reizte. Als also Mitte der sechziger Jahre das damalige Bundesministerium für wissenschaftliche Forschung (heute Bundesministerium für Wissenschaft und Bildung) daran ging, das time-lag auf dem Gebiet der akademischen ADV-Ausbildung gegenüber anderen Ländern zu verringern, waren es überwiegend Mathematiker, Physiker und Ingenieure, die den Fachbeirat für Datenverarbeitung des Ministeriums berufen wurden, um Vorstellungen für ein ADV-orientiertes Studium zu entwickeln. Von diesem Fachbeirat wurde ein Modell für eine akademische ADV-Ausbildung unter der Bezeichnung Informatik-Studium[12] entwickelt, dessen Charakteristika im wesentlichen Ausfluß mathematisch-ingenieurmäßiger Betrachtung des Computers darstellten: starke Orientierung zur konstruktiven

---

Grochla, Prof. *Szyperski*, Prof. *Schmitz*) und Erlangen-Nürnberg (Prof. *Mertens*). Daneben finden sich nur schwache Ansätze, die einer genügenden ADV-Ausbildung kaum entsprechen. Vgl. auch *E. Grochla* u. a.: Ein Vorschlag für den Studiengang „Diplom-Betriebswirt der Fachrichtung Informatik", in: Angewandte Informatik, Jg. 1972, S. 81—90, Tabelle auf S. 84.

[12] Vgl. Studium der Informatik an deutschen Hochschulen, in: Informationen, Bildung — Wissenschaft, hrsg. vom Bundesminister für Wissenschaft und Bildungn, Nr. 1/71, S. 9 ff.

Seite einerseits (hardware-Entwicklung), Sprachenentwicklung andererseits und schließlich noch mathematisch-technische Anwendung. Dieses Modell wurde von einigen wenigen sofort als nicht den Bedürfnissen der Anwendungspraxis von Wirtschaft und Verwaltung entsprechend erkannt, die ihrerseits Gegenvorstellungen entwickelten[13]. Die Vorbehalte gegen das Informatik-Modell bezogen sich im wesentlichen auf seine zu starke Orientierung auf hardware- und software-Entwicklung und die erhebliche Vernachlässigung der Anwendung der Rechner in solchen Bereichen, in denen intensive organisatorische Veränderungen dem zweckmäßigen Rechnereinsatz vorausgehen müssen. Seit diesen ersten Ansätzen sind dank der erheblichen Einwendungen einerseits und infolge des zunehmenden Interesses weiterer potentieller Anwenderbereiche andererseits gewisse Veränderungen eingetreten, jedoch stehen die nicht-anwendungsbezogenen, ingenieurmäßigen Aspekte immer noch stärker im Mittelpunkt der Informatik als andere. In der Zeitschrift der Technischen Universität Berlin wird z. B. ein gesamtes Heft dem Informatikstudium an der TU Berlin gewidmet und es heißt darin u. a., daß unter Informatik „... die Lehre von Struktur, der Wirkungsweise und den Verwendungsmöglichkeiten von Rechnern samt den Methoden, sich ihrer zu bedienen ..." verstanden wird[14]. Anschließend wird ausgeführt, was die oben angedeutete Entwicklung bestätigt, daß der „... zentrale Gegenstand der Informatik ... die Programmierung (sei), auf deren rechnerunabhängiger Seite es um Algorithmen geht„ ... und Programmiersprachen, in denen man Algorithmen adäquat formulieren kann ... Genauere Kenntnisse des Rechners dagegen werden benötigt, wenn dem Rechner Programmiersprachen verständlich gemacht und ihm Programme zur Ausführung übergeben werden sollen (Übersetzer, Betriebssysteme). Direkt mit dem Rechner befaßt sich natürlich der Rechnerbau, für den funktioneller Entwurf und technische Realisierung erforderlich sind"[15]. Aus der Sicht des Ingenieurs steht der Rechner als Maschine im Mittelpunkt, während ihre Einsatzmöglichkeit zwar auch gesehen, aber nicht für so übermäßig bedeutsam gehalten wird: „... die Probleme der Anwendung von Informatik sind Teil ihrer selbst geworden, weil mit der stürmischen Entwicklung des Rechners die Entwicklung des know-how seines optimalen Einsatzes nicht

---

[13] Vgl. *W. A. Bösenberg,* Die Lage der Datenverarbeitung und ihre Förderung in der Bundesrepublik Deutschland. Denkschrift anläßlich der Anhörung vor dem Bundestagsausschuß für Wissenschaft, Kulturpolitik und Publizistik am 31. 10. 1968; *E. Grochla*: Zweites Memorandum – Betriebsinformatik und Wirtschaftsinformatik als notwendige anwendungsbezogene Ergänzung einer Allgemeinen Informatik. Vorschläge zur Verbesserung der akademischen Ausbildung auf dem Gebiet der automatisierten Datenverarbeitung in der Bundesrepublik Deutschland, in: Bürotechnik und Automation (BTA), 10. Jg. 1969, S. 366 ff.; *H. H. Schulze,* Betriebsinformatikstudium – ein Entwurf zur schnellen Deckung des Bedarfs an qualifiziertem ADV-Personal, in: ADL-Nachrichten, 16 Jg. 1971, Heft 66, S. 39 ff.

[14] Vgl. *E. Bergmann* u. a., Informatik an der Technischen Universität Berlin, in: TUB 3 Zeitschrift der Technischen Universität Berlin, 4. Jg. 1972, S. 222, zitiert nach Zweites Datenverarbeitungsprogramm der Bundesregierung, Bonn 1971, S. 29.

[15] *E. Bergmann* u. a., Informatik a.a.O., S. 222/223.

Schritt zu halten vermochte"[16].

Wesentlich an dieser Entwicklung erscheint aber, daß die Datenverarbeitungs-Förderungsprogramme der Bundesrepublik von 1967 und 1971 als Folge der etwas einseitig ausgerichteten Interessenlage die Anwendungsseite nicht ausreichend gegenüber der Computerentwicklung selbst berücksichtigen[17]. So werden beispielsweise innerhalb des Zweiten Programms von 13 zu fördernden Fachgebieten nur 6 als echte Anwendungsbereiche der Rechner gesehen, nämlich Automatisierung technischer Prozesse mit Digitalrechnern, Rechnerunterstütztes Planen, Entwerfen und Konstruieren, Methoden zur Anwendung der DV in der Medizin, Methoden zur Anwendung der DV im pädagogischen Bereich,Betriebswirtschaftliche Anwendung der DV sowie Methoden zur Anwendung der DV in Recht und öffentlicher Verwaltung[18]. Von diesen sechs Gebieten sind noch zwei eindeutig ingenieurmäßig orientiert. Stellt man dies in Vergleich zu den Anwendungsgebieten, in denen Rechner heute eingesetzt werden, nämlich im kaufmännisch-organisatorisch-administrativen Bereich immer noch etwa 75% aller Fälle[19], sowie zu der verbreiteten Klage, daß Rechner nicht effizient genug genutzt werden[20], so fällt eine unverhältnismäßige Unausgewogenheit ins Auge.

An den deutschen Hochschulen[21] steht also nach wie vor die Informatik, die neuerdings gegenüber anwendungsbezogenen Spielarten als Kerninformatik bezeichnet wird, mit mathematisch-elektrotechnischer Ausrichtung im Vordergrund[22]. Daneben sind eine Reihe von anwendungsorientierten Spezialinformatiken entstanden wie z. B. die von Grochla[23] vorgeschlagene Betriebsinformatik

---

[16] ebenda.

[17] Vgl. Zweites Datenverarbeitungsprogramm a.a.O.

[18] ebenda S. 30.

[19] Vgl. *J. Becker, J. Woit, H. Zajonk,* Der Einsatz, a.a.O. S. 2 und Zweites Datenverarbeitungsprogramm, a.a.O. S. 13.

[20] Vgl. hierzu die Bemerkungen im Zweiten Datenverarbeitungsprogramm, daß „... kurzfristig eine wesentliche Rationalisierung ... bei einer größeren Zahl von Anwendern ..." erreicht werden soll, a.a.O. S. 7, und daß „... die effektivere Nutzung von DV-Anlagen ... durch Mangel an DV-Fachkräften und unzureichende Kenntnisse über die derzeitigen Möglichkeiten der DV-Anwendung gehemmt ..." werden, a.a.O. S. 11.

[21] An Technischen Fachhochschulen dürfte die Situation kaum anders als an Technischen Universitäten sein; an Wirtschaftsfachhochschulen liegt das Problem aus bestimmten Gründen etwas anders als an den Universitäten, weil die Fachhochschulen, wenigstens bisher, erheblich praxisorientierter waren, so daß dem Gesichtspunkt der ADV-Anwendung mehr Gewicht beigelegt wurde. Vgl. auch *H. H. Schulze,* ADV-Ausbildung an Fachhochschulen für Wirtschaft, in: IBM-Nachrichten, 21. Jg. 1971, S. 880 ff.

[22] Vgl. die interessanten Ausführungen, daß „... Informatik-Professoren und -Assistenten ... meist aus der Mathematik oder Elektrotechnik (kommen), weshalb manchmal die Gefahr besteht, daß die Informatik entweder zu stark mit Mathematik überfrachtet oder aber ohne ausreichende Theoriebildung betrieben wird. Zeitweilige lokale Rivalitäten zwischen Mathematikern und Elektrotechnikern sind Teil der Geburtswehen der Informatik". *E. Bergmann* u. a., Informatik, a.a.O., S. 223.

[23] Vgl. *E. Grochla,* Zweites Memorandum, a.a.O.

(ADV-Anwendung im betriebswirtschaftlichen Bereich[24]) und Wirtschaftsinformatik (ADV-Anwendung im gesamtwirtschaftlichen Bereich), eine medizinische Informatik sowie eine pädagogische Informatik[25] und nun, als jüngste Disziplin auch eine Rechtsinformatik, was aus der Sicht der Anwendungsnotwendigkeit außerordentlich begrüßt werden muß. Es wurden in diesem Zusammenhang eine ganze Reihe von Ausbildungsmodellen, vorwiegend für den Sektor der Wirtschaftswissenschaften, geschaffen, deren Einführung in die Ausbildungspraxis jedoch auf erhebliche Schwierigkeiten stößt[26].

21 Probleme bei der Einführung anwendungsorientierter ADV-Studiengänge

Die größte Schwierigkeit bei der Installation von ADV-Studiengängen dürfte ein eklatanter Mangel an geeigneten Kräften für Forschung und Lehre sein. So glaubt die Bundesregierung, daß etwa 500 bis 800 Hochschullehrer für diesen Bereich notwendig sein werden[27], während man damit rechnet, daß nur ca. 30 bis 40 entsprechend qualifizierte Wissenschaftler für solche Aufgaben zur Verfügung stehen[28]. Wenn man auch einschränken kann, daß die erste Zahl wahrscheinlich zu hoch gegriffen ist und die zweite möglicherweise etwas pessimistisch eingeschätzt wurde, so wird doch erkennbar, daß hier ein zumindest kurzfristig kaum lösbares Problem liegt. Die Beschaffung geeigneter Hochschullehrer dürfte für die ADV-Anwendung insbesondere deshalb so große Schwierigkeiten bereiten, weil hier neben einer fundierten Fachqualifikation in der Anwendungsdisziplin auch ebenso fundierte theoretische *und* praktische Qualifikationen im Bereich der ADV-Technologie vorhanden sein müssen. Das Erwerben dieser Qualifikation ist aber einerseits aus Zeitmangel neben dem eigentlichen Spezialfach und andererseits auch wegen unzureichender sachlicher Ausbildungsmöglichkeiten recht schwierig. Hier macht sich insbesondere bemerkbar, daß die Ausbildung zum Hochschullehrer in manchen Disziplinen zunehmend auf den Bereich der Hochschule selbst beschränkt bleibt, woraus sich eine Abwendung von pragmatischer Haltung herleiten kann, die gerade bei Anwendungsfragen außerordentlich hinderlich erscheint.

Bisher war die Entwicklung so, daß Hochschullehrer mit erheblichem Aufwand an Zeit und Mühe bei persönlichem Interesse für die Möglichkeiten der ADV-

---

[24] Nach einer internen Umfrage und Absprache zwischen einigen an diesen Fragen interessierten Professoren aus dem Bereich der Betriebswirtschaftslehre scheint sich der Begriff Betriebsinformatik als zweckmäßig durchzusetzen.

[25] Vgl. Zweites Datenverarbeitungsprogramm, a.a.O., S. 44.

[26] Stellvertretend seien hier folgende Schriften angeführt: *E. Grochla, N. Szypierski, D. Seibt*, Ausbildung und Fortbildung in der Automatisierten Datenverarbeitung. Eine Gesamtkonzeption. München-Wien 1970; *P. Schmitz* u. a., Vorschlag für ein Studienmodell „Informatik" an Fachhochschulen, in: elektronische datenverarbeitung, 12. Jg. 1970, S. 327 ff.; *H. H. Schulze*, Betriebsinformatikstudium – ein Entwurf, a.a.O.; *E. Grochla* u.a., Ein Vorschlag für einen Studiengang, a.a.O.

[27] Vgl. Zweites Datenverarbeitungsprogramm, a.a.O., S. 34.

[28] Informationen über den Stand der Arbeiten an einem 2. Datenverarbeitungs-Programm der Bundesregierung, hrsg. vom Bundesminister für Bildung und Wissenschaft (Geschäftszeichen IV A 3 – IV A 4 – Pl/Ma – 5901 – 52/70 rev.).

Anwendung in ihrem Fachbereich in der Regel mithilfe von Herstellern oder großen Anwendern die Qualifikationen erwarben, die sie in den Stand versetzen, ihrerseits nunmehr forschend und lehrend weiterzuarbeiten. Realiter müssen in einem solchen Fall viele Faktoren günstig zusammenwirken, was leider selten eintritt. Die Zahl dieser Kräfte ist also recht klein geblieben; die Breitenwirkung, die von ihnen ausgeht, indem sie ihrerseits ihre Umgebung beeinflussen, ist mit Sicherheit nicht groß genug, um den bestehenden Mangel in einem vernünftigen Zeitraum abzubauen. Andererseits verlangt die gesamtwirtschaftliche Einschätzung, daß die ADV-Anwendung in möglichst vielen Lebensbereichen sinnvoll eindringt[29], um Engpässe zu überwinden, materielle Hilfsmittel effizienter zu nutzen und letztlich menschliche Arbeitskraft von stupider Routine zu entlasten.

Zweites Problem bei der Einführung von ADV-Ausbildungsgängen ist, und das liegt auf der Hand, so daß man es eigentlich gar nicht zu erwähnen brauchte, die mangelnde Finanzkraft der öffentlichen Hand, die trotz verstärkter Anstrengungen im Bildungswesen letztlich nicht in der Lage ist, dem Bedarf zu entsprechen. Hinzu kommt, daß auch in etablierten Studiengängen oft die Anzahl der Studienplätze nicht ausreicht, so daß zunächst einmal diese Lücken gestopft werden, ehe neue Studiengänge finanziell gesichert sind. Zwar hat das Zweite Datenverarbeitungsprogramm der Bundesregierung hier zunächst einige Erwartungen geweckt[30]. Durch den zunehmenden Finanzverfall der letzten Jahre ist aber offenkundig geworden, daß die Erfüllung des Programms ganz sicher hinter den ursprünglichen Erwartungen zurückbleiben muß.

Schließlich bleibt noch eine dritte Schwierigkeit zu erwähnen, die darin gesehen werden muß, daß infolge mehrerer Gründe im deutschen Hochschulbereich ein nicht unwesentlicher Mangel an Koordination und Kooperation erkennbar ist. Das hat dazu geführt, daß die ohnehin nicht ausreichenden materiellen Voraussetzungen noch weniger effizient genutzt werden können als es mit guter Koordination und Kooperation möglich wäre.

Diese Dinge sind sachlich-quantitativ schwer nachweisbar, trotzdem aber bei genauer Betrachtung und intimer Kenntnis unübersehbar. Sie beginnen zunächst bei der Kulturhoheit der Länder und der Schwäche des Bundes, hier koordinierend eingreifen zu können. Sicher hat das föderale System auch seine guten Seiten. Jedoch für die hier zu lösenden Probleme erweist es sich als ein echter Hinderungsgrund z. B. bei einer wirkungsvollen Koordination der Curricula und anderer wichtiger Teilaspekte der akademischen Ausbildung. Hinzu kommt, dies Problem noch verstärkend, die Autonomie der Hochschule gegenüber dem Staat, die sicher ebenfalls in bestimmten Zusammenhängen positiv zu beurteilen ist. In diesem Fall ermöglicht sie aber, daß jede Hochschule für sich und in Abhängigkeit von vielen Zufälligkeiten (z. B. der beteiligten Personen, der Finanzmittel, der räumlichen Bedingungen u. v. a. m.) eigene Vorstellungen entwickelt, ohne sie mit bereits Vorhandenem abzustimmen. Noch

---

[29] Vgl. Zweites Datenverarbeitungsprogramm, a.a.O., S. 26.
[30] ebenda S. 74 ff.

schlimmer ist es, wenn eigene Vorstellungen aus eben diesen Zufälligkeiten nicht entwickelt werden. Eine bereits erwähnte, gelegentlich erkennbare Praxisferne der Hochschule wirkt sich für unsere Fragestellung nur negativ aus. Die Autonomie der Hochschule reicht schließlich bis auf die Ebene der Fakultäten bzw. der Fachbereiche und Institute, so daß es nur verständlich erscheint, daß Koordination und Kooperation nur recht selten zu effizienten Planungen und Realisationen im Bereich der akademischen ADV-Ausbildung führen[31].

3. Aspekte für eine Verbesserung der akademischen ADV-Ausbildung

30 Anwendung vorhandener Modelle

Eine der notwendigsten Maßnahmen zur Behebung der mißlichen Situation ist die Einrichtung von Studiengängen für ADV-Bereiche, und zwar bevorzugt unter dem Anwendungsgesichtspunkt. Dabei kommt es weniger darauf an, nun immer noch an vorhandenen Modellen gedankliche Verbesserungen vornehmen zu wollen, als vielmehr darauf, endlich anzufangen. Die inzwischen entwickelten Modelle[32] stellen eine brauchbare Basis für solche Studiengänge dar. Man muß nur endlich und möglichst an mehrereren Stellen finanzielle Quellen erschließen, die Modelle praktizieren und damit einerseits Erfahrung für eine mögliche Modifizierung gewinnen und andererseits, und das wäre der eigentliche Sinn der Übung, der ADV-Praxis qualifizierte Akademiker zur Verfügung stellen. In den entsprechenden Erläuterungen des Zweiten Datenverarbeitungsprogramms heißt es, daß 1970 im gesamten Hochschulbereich etwa 3300 Studienplätze der Richtung Informatik als Haupt- bzw. Nebenfach zur Verfügung standen, von denen im Jahre 1970 etwa 350 Absolventen in die Praxis entlassen wurden[33]. Andererseits erwartet man bis 1978 einen Gesamtbedarf von etwa 250 000 bis 400 000 Fachkräften, von denen etwa ein Drittel (34%) akademisch ausgebildet sein sollte[34]. Das bedeutet immerhin eine Zahl von etwa 80 000 bis 133 000 Jungakademikern mit fundierten ADV-Kenntnissen. Von diesen, so wird weiter geschätzt, wollten etwa zwei Drittel mit betriebswirtschaftlichem Schwerpunkt, also anwendungsorientiert sein, das restliche Drittel technisch orientiert, also teils anwendungs- teils entwicklungsorientiert[35].

Geht man, und das erscheint nach den bisherigen Erfahrungen berechtigt zu sein, von den unteren Grenzen der genannten Größenordnungen aus, so erwartet die Praxis etwa 50 000 bis 55 000 anwendungsorientierte, akademisch ausgebildete ADV-Fachkräfte (und zwar als Personal für die unmittelbare Tätigkeit in der ADV-Anwendung) bis 1978, d. h. jährlich etwa 7000 bis 8000. Davon werden mit Sicherheit etwa 60% wirtschaftswissenschaftlich gebildet sein, wie es etwa dem Anteil dieser Anwendung in der Zukunft entsprechen dürfte[36]. Der

---

[31] Diese Erscheinung ist bis in die jüngste Zeit übrigens auch für die ADV-Ausbildung unterhalb der Hochschulebene festzustellen.

[32] Vgl. Anmerkung 26.

[33] Vgl. Zweites Datenverarbeitungsprogramm, a.a.O., S. 12.

[34] ebenda S. 13/14.

[35] ebenda S. 14.

[36] ebenda S. 13 f.

verbleibende Teil wird sich auf technisch-wissenschaftliche, medizinische, juristische, pädagogische und sonstige Anwendungsbereiche verteilen. Wie der Bedarf in diesen Bereichen im einzelnen sich entwickeln wird, darüber liegen leider klare Schätzungen nicht vor.

Die vorstehend genannten Zahlen beziehen sich ausschließlich auf das ADV-Fachpersonal, das unmittelbar mit dem Rechner umgeht. Daneben existiert ein nicht genau übersehbarer Bedarf an solchen Kräften, die für ihren Arbeitsbereich den Rechner zwar benutzen, aber nicht selbst daran arbeiten werden. Auch diese Personen müssen über einigermaßen fundierte ADV-Fachkenntnisse verfügen, um sich den Rechner nutzbar machen zu können. Es erscheint angesichts der heutigen Situation ziemlich sicher, daß praktisch kaum ein akademisch Ausgebildeter in seinem künftigen Arbeitsbereich ohne mehr oder weniger engen Bezug zur ADV auskommen wird, wenn man etwa an das Jahr 1980 denkt. Das bedeutet also, daß für diese Personen auch im Rahmen ihrer Fachstudiengänge Vorlesungen, Seminare und ähnliche Veranstaltungen über jeweils notwendige spezifische Anwendungsaspekte der ADV vorhanden sein müssen. Ich darf zur Verdeutlichung hier noch einmal sagen: *Für praktisch jeden Studienplatz an deutschen Hochschulen müßten spätestens ab 1975 Grundvorlesungen und Seminare über ADV-Anwendungsfragen installiert werden!*

Angesichts dieser Größenordnungen dürfte also die eingangs erhobene Forderung nach *schneller* Installation von entsprechenden Studiengängen nach vorhandenen Modellen, mit denen auch der Bedarf an begleitenden Einführungsveranstaltungen gedeckt werden könnte, verständlich werden[37].

31 Koordination zwischen Kerninformatik und Spezialinformatiken

Ein weiteres dringend zu lösendes Problem ist die Koordination zwischen den einzelnen Studiengängen, die im Bereich der gesamten Informatik bestehen bzw. noch eingerichtet werden. Hier ist vor allen zu beobachten, wie weit eine Informatik Hauptfach oder Nebenfach eines Studienganges ist.

Kerninformatik im Hauptfach mit einem technischen oder auch nicht-technischen Nebenfach zielt im wesentlichen auf die Entwicklung von Rechnern und Programmsprachen ab. Der Bedarf daran dürfte, folgt man dem Zweiten Datenverarbeitungsprogramm, jährlich kaum über 2000 Kräfte steigen. Dagegen ist die Zahl solcher Kräfte, die eine anwendungsbezogene Informatik als Hauptfach und beliebig andere Fächer als Nebenfach sowie solcher, die ein bestimmtes Hauptfach und eine entsprechende Anwendungsinformatik als Nebenfach belegen sollten, um das Vier- bis Fünffache höher.

In der Realität sind jedoch nach einer Untersuchung aus dem Jahre 1971[38] an

---

[37] Der Verfasser hat bereits Anfang 1971 einen Vorschlag veröffentlicht, in dem vor allem dieser Gesichtspunkt der schnellen Bedarfsdeckung im Vordergrund stand. Darauf aufbauende Realisierungen sind ihm jedoch nicht bekannt. Vgl. *H. H. Schulze*, Betriebsinformatikstudium – ein Entwurf, a.a.O.

[38] Vgl. *E. Grochla* u. a., Ein Vorschlag für einen Studiengang, a.a.O., S. 84.

10 Universitäten und Technischen Universitäten der Bundesrepublik Kerninformatik-Studiengänge bereits vorhanden, an 4 weiteren geplant. Betriebswirtschaftliche Studiengänge mit Nebenfach Informatik oder ähnliche Kombinationen im Bereich der Wirtschaftswissenschaften existieren dagegen nur an 7 Hochschulen und sind an 2 weiteren geplant. Andere Disziplinen wurden in der Untersuchung deshalb nicht berücksichtigt, weil ihr eine betriebswirtschaftliche Betrachtung zugrundelag.

Angesichts dieser realen Verhältnisse muß also gefordert werden, daß das bestehende Ungleichgewicht zwischen Studienplätzen für Kerninformatik und anwendungsbezogenen Spezialinformatiken entsprechend dem tatsächlichen Bedarf abgebaut wird. Dies könnte man dadurch erreichen, daß Planungen von Kerninformatikkapazitäten an neuen Hochschulen (wie z. B. an der geplanten Universität Kaiserslautern) zugunsten anwendungsbezogener Informatikkapazitäten zurückgestellt werden und verstärkte Planungen in diese Lücke hineinstoßen. Dies ist eine dringende Aufgabe für die Westdeutsche Rektorenkonferenz (WRK) und die Kultusministerkonferenz der Länder (KMK) als Koordinierungsstellen der Wissenschaftsplanung. Auch das Ministerium für Wissenschaft und Bildung als finanzierende Stelle über das Zweite Datenverarbeitungsprogramm, das Hochschulbauförderungsgesetz und andere ähnliche Förderungsmaßnahmen muß hier aufgerufen werden.

32 Ausbildung von Personal für Forschung und Lehre

Das Teilproblem, dessen Lösung in diesem Zusammenhang jedoch Initialwirkung haben muß, ist die Heranbildung von qualifizierten Kräften für Forschung und Lehre im Bereich der ADV-Anwendung. Ohne Klärung dieser Frage dürfte auch bei finanziell gesicherten Planungen für neue Studiengänge kein Erfolg zu erzielen sein. Im Abschnitt 21 wurde bereits auf die Situation ausführlich hingewiesen und gezeigt, daß sie zur Zeit absolut unbefriedigend ist, und zwar sowohl in individueller als auch in gesamtheitlicher Betrachtung.

Das Problem widersetzt sich jedoch einer Lösung deshalb so hartnäckig, weil für seine Lösung erst einmal die Kapazitäten da sein müssen, die erst durch seine Lösung geschaffen werden sollen. So wird man sich hier wohl auf völlig unkonventionelle Verfahren stützen müssen. Es wäre beispielsweise vorstellbar, daß jungen interessierten Studienabsolventen mithilfe besonderer Stipendien eine Forschungsarbeit im Bereich der automatisierten Datenverarbeitung, insbesondere in anwendungsbezogenen Zusammenhängen schmackhaft gemacht werden kann, mit der folgendes erreicht würde:

a) Die Absolventen, theoretisch in einem bestimmten Fachgebiet vorgebildet, können sich wirtschaftlich unabhängig zunächst den Problemen der ADV widmen und bei einem Hersteller oder Anwender theoretische Kenntnisse und praktische Erfahrungen erwerben. Die Teilnahme an entsprechenden Lehrgängen, wie sie in der Praxis der ADV heute üblich sind, wäre durchaus sinnvoll und zumutbar.

b) Die Themenstellung der Forschungsarbeit könnte mit dem betreuenden Betrieb abgestimmt werden, so daß sie tatsächlich pragmatisch ist und dem

Betrieb möglicherweise auch eine eigene Problemstellung lösen hilft.

c) Die Forschungsarbeit sollte im Niveau und Umfang einer Dissertation oder Habilitationsarbeit entsprechen, so daß nur adäquate wissenschaftliche Qualifikationen zum Zuge kommen. Sie sollten tatsächlich innerhalb eines Promotions- oder Habilitationsverfahrens verwendet werden können.

Solche Forschungsstipendien sollten über eine Zeit von mindestens drei Jahren laufen. Sie könnten von einer geeigneten Stelle koordiniert werden, z. B. von der Deutschen Forschungsgemeinschaft. Die ersten Absolventen einer solchen Ausbildung könnten mit Sicherheit von den vorhandenen Lehrstühlen und Instituten, die sich bereits mit dieser Materie beschäftigen, betreut werden. Danach würden sie als Hochschullehrer ihrerseits weitere Absolventen betreuen, so daß dieses Verfahren zwar nicht innerhalb weniger Monate, wohl aber binnen einiger Jahre die vorhandenen Lücken zu schließen beginnen könnte.

Sicher mag hier manch einer Probleme sehen, die darin liegen könnten, daß möglicherweise die Qualität von einigen dieser Arbeiten nicht dem notwendigen Maß entsprechen wird, daß die Ausbildung in dieser Form vielleicht zu kasuistisch, zu wenig systematisch sein könnte. Diese Bedenken werden im Einzelfall sicher nicht ganz auszuschließen sein; ich meine aber, daß zur Lösung eines Problems nicht solange gewartet werden kann, bis man ein ideales Verfahren entwickelt hat, wenn dies entweder ohnehin nicht möglich ist oder aber zu lange dauert. Unter diesen Umständen könnte eines gar nicht allzu fernen Tages eine für die Bundesrepublik gefährliche Senkung der volkswirtschaftlichen Leistungsfähigkeit eingetreten sein, die im Vergleich zu solchen Ländern, die eben langfristig besser in die Ausbildung investieren, zur kritischen Lage führt. Die besondere Stärke der deutschen wirtschaftlichen Leistungsfähigkeit lag immer in der Entwicklung technologisch hochqualifizierter Verfahren. Heute sind sie ohne ökonomische Nutzung von Computern kaum mehr zu verbessern.

Der hier vorgeschlagene Ansatz für eine Lösung des Personalproblems ist also durchaus unkonventionell, scheint aber immerhin ein möglicherweise gangbarer Weg aus den beschriebenen Schwierigkeiten zu sein. Man sollte also ohne langes Zögern versuchen ihn zu beschreiten. Das Zweite Datenverarbeitungsprogramm wäre von seiner Ausrichtung auf die Ausbildung hierzu vielleicht auch ein Weg, was die Finanzierung des eben geschilderten Verfahrens betrifft.

33 Vorschlag für eine ADV-Ausbildung für Juristen

Nach den Ausführungen der vorangehenden Abschnitte, die durchaus allgemeiner Natur und nur insofern auf das juristische Studium anwendbar sind, als sie auch dafür Geltung besitzen, soll nun abschließend ein Vorschlag für eine fachbezogene ADV-Ausbildung für Juristen zur Diskussion gestellt werden. Dieser Vorschlag bietet sich zunächst aus der Sicht des anwendungsbezogenen Datenverarbeiters an, wobei nicht verhehlt werden soll, daß der Verfasser während seiner eigenen akademischen Ausbildung das Nebenfach Recht (teilweise mit größerem, teilweise auch mit geringerem Vergnügen) studiert und kennengelernt hat.

Der Vorschlag gliedert sich in zwei Bereiche, einen für eine studienbegleitende Einführung in die automatisierte Datenverarbeitung für möglichst viele Juristen, einen weiteren, als Wahlfach aufzufassenden Bereich einer Rechtsinformatik, die jedoch vom Umfang und Inhalt her noch kein eigenständiger Studiengang sein soll. Eine selbständige, als echter Studiengang zu installierende Rechtsinformatik birgt das Problem in sich, daß hier entweder das Recht zu kurz käme, darauf also möglicherweise die übliche juristische Staatsprüfung nicht aufbauen könnte, oder aber das Studium insgesamt so erheblich verlängert werden müßte, daß es nicht mehr praktikabel erscheint.

330 Aufbau von Lehrveranstaltungen zur Einführung in ADV-Anwendungsprobleme für Juristen

Inhalt: Rechneraufbau, Verfahren der automatisierten Datenverarbeitung, Speicher und Speicherorganisation, Dokumentations- und Informations-Wiedergewinnungsverfahren, betriebliche Organisationsprobleme bei der ADV-Anwendung, Datensicherung und Datenschutz, Überblick über Anwendungen in der öffentlichen Verwaltung, in Wirtschaft und Wissenschaft.

Umfang: Sinnvoll erscheinen etwa 6 bis 8 Semesterwochenstunden.

Form: Vorlesungen und seminaristische Übungen, möglicherweise auch praktische Demonstrationen.

Die ADV-Veranstaltungen sollten so in den juristischen Studiengang integriert werden, daß der Student bereits einen guten Überblick über die Struktur seines Hauptstudienfaches besitzt, damit er sichere Bezüge von der ADV-Technologie zur speziellen Anwendungssituation im Recht herzustellen in der Lage ist.

331 Aufbau eines Wahlfaches Rechtsinformatik

Inhalt:	*Fach*	*Wochenstunden*	*Form*
	Grundlagen der Informatik (Informationstheorie)	4	V
	Mathematik für Informatiker	4	V
	Methoden der numerischen Mathematik	2	V
	Rechnerorganisation	2	V
	Grundzüge der Programmierung	4	V, Ü, P
	Praktische Programmentwicklung	4	Ü, P
	Grundlagen der ADV-Organisation (Systemplanung)	4	V, Ü
	Betriebssysteme, Aufbau und Funktion	2	V
	Technik und Anwendung von Teilnehmersystemen	2	V, S
	Aufbau und Einsatz von Datenbanken	2	V, S
	Datensicherung und Datenschutz	2	V, S
	Axiomatisierung juristischer Aussagensysteme	2	V, S
	Juristische Anwendung der ADV einschl. Systementwicklung	6	S, Ü, P

Umfang: Vorangehend ist bereits ein Umfang von etwa 40 Semesterwochenstunden bei den einzelnen Teilfächern genannt. Dieser könnte im Bedarfsfall vielleicht bis auf maximal 50 Wochenstunden ausgedehnt werden. Mehr Zeit wäre im Rahmen eines normalen juristischen Studiums kaum für ein Nebenfach zu realisieren.

Form: V=Vorlesung, S=Seminar, Ü=Übung, P=Praktikum am Rechner.

Auch für ein solches Studium, das in konzentrierter Form auch als zweisemestriges Aufbaustudium denkbar wäre, sollte vorausgesetzt werden, daß der Student das Gebäude des Rechts, seine Terminologie und Denkweise schon gut beherrscht, um die Möglichkeiten des ADV-Instrumentariums sicher auf sein Fach projizieren zu können.

Sicher stellen die vorgelegten Vorschläge keine endgültigen Formen dar. Für eine weitere Diskussion zu diesem wichtigen Thema sollten aber damit und mit den vorangehenden Betrachtungen Ausgangspunkte gesetzt sein, die letztlich zu einer zweckmäßig praktizierten ADV-Ausbildung für Juristen führen mögen.

Zusammenfassung

Über die Darstellung der Notwendigkeit einer anwendungsbezogenen Ausbildung im Bereich der automatisierten Datenverarbeitung für Juristen und eine Behandlung des Standes der akademischen ADV-Ausbildung in der Bundesrepublik kommt der Verfasser zu Überlegungen zur Überwindung finanzieller, personeller und wissenschaftsorganisatorischer Schwierigkeiten bei der Installierung von anwendungsbezogenen ADV-Ausbildungsgängen im Hochschulbereich. Dabei wird insbesondere ein Vorschlag für eine juristisch orientierte ADV-Ausbildung zur Diskussion gestellt, die einerseits rein einführend als studienbegleitende Veranstaltung, andererseits vertiefend auf ein Wahlfach innerhalb eines juristischen Studienganges angelegt ist.

Summary

Presenting the necessity of having an application-oriented training in automatic data processing for lawyers and considering the present status of university-level ADP training in the Federal Republic of Germany, the author discusses proposals for surmounting problems of finances, personnel, and organization of science and technology resulting from introducing application-oriented ADP courses at the universities. In particular, a recommendation is presented of a juridically oriented ADP program which could be carried out within the legal curriculum either as a mere introductory course complementing regular studies or as a comprehensive course which could be chosen as an elective subject.

Werner Schmidt

Grundsätzliche und methodische Probleme automativer Normsetzung bei einer Umstellung des Grundbuchs auf elektronische Datenverarbeitung

Übersicht

A. Einleitung

Die Anregung zu der Umstellung des Grundbuchs auf elektronische Datenverarbeitung ist bereits mehrfach und von verschiedenen Seiten gegeben worden[1]. Überlegungen dazu, wie dies zu verwirklichen sein könnte, sind nicht nur in der Bundesrepublik im Gange[2]; für den europäischen Raum ist Schweden mit dem Aufbau eines EDV-Systems in der Justiz führend[3].

In der Bundesrepublik sind mit der Weiterentwicklung des Rahmen-Soll-Konzeptes der Länder Hessen und Rheinland-Pfalz sowie dem des Landes Bayern[4] die Anfänge des Planungsstadiums überwunden. Auch nach dem gegenwärtigen Stand der Entwicklung kann die das gesamte Projekt tragende Überlegung aufrechterhalten werden, nämlich, daß das Grundbuch für eine Automation geeignet erscheint.

Diese Feststellung muß aber dahin präzisiert werden, daß die Untersuchungen ausschließlich auf die Automatisierung der Registertechnik gerichtet sind, also

---

[1] *v. Berg*, Automationsgerechte Rechts- und Verwaltungsvorschriften, Köln 1968, S. 13 u. S. 98 ff.; Siemens-Studie „Einführung der elektronischen Datenverarbeitung für das Grundbuchwesen", 1969/1970, nach Manuskriptabschluß ist eine veränderte Neuauflage erschienen; *Simitis*, Informationskrise des Rechts und Datenverarbeitung, Karlsruhe 1970, S. 98 ff.

[2] Bericht des Torrens Title Land Register in the State of New South Wales, Australien vom September 1971.

[3] Materialien zur Rechtsinformatik, hrsg. v. *Simitis*, *Voss-Eckermann* u. *Damann*, Folge 1, Frankfurt 1971, S. 29 ff. (*Carsten*).

[4] Rahmen-Soll-Konzept von Hessen und Rheinland-Pfalz, unveröffentlichter Sonderdruck vom 1. 6. 1972; Rahmen-Soll-Konzept für Bayern, hrsg. von *Rattel*, *Göttlinger*, *Kobes* und *Müller*, Grundstücksdatenbank, Arbeitspapiere Rechtsinformatik, Berlin 1971.

den formalen Eintragungsvollzug und die entsprechende Inhaltswiedergewinnung.

Die grundsätzlich davon zu trennende grundbuchamtliche Entscheidungstätigkeit, darunter namentlich die Prüfung der Frage, ob ein Eintragungsantrag zulässig und begründet ist und daher vollzogen werden kann, wird — von wenigen in formal-logische Prozesse umsetzbare Ausnahmen abgesehen, wie zum Beispiel Plausibilitätskontrollen — von der Automatisierung im Kern nicht berührt.

Gerade im sachentscheidungsfreien Raum des Registerwesens liegt der eigentliche Ansatz, unter den Massenverarbeitungsproblemen der Justiz dem Grundbuch den Vorzug zur Untersuchung zu geben.

Auf einen kurzen Nenner gebracht, bestehen die Erwartungen, die daran geknüpft werden, vor allem in zwei Gesichtspunkten. Zum einen soll das Grundbuchverfahren rationalisiert und zugleich beschleunigt werden, damit die dadurch an sich wirtschaftswidrig gebundenen Vermögenswerte schneller freigesetzt werden und besser negotiabel sind[5]. Zum anderen soll die in Integration mit dem Liegenschaftskataster zu bildende Grundstücksdatenbank Planungs- und Informationsdaten vorhalten und aufbereiten[6].

Es sei noch ein terminologisches Problem angesprochen, denn es gilt zu erläutern, was unter automativer Norm- beziehungsweise Rechtssetzung[7] verstanden wird.

Die Einführung eines weiteren Begriffs im Beziehungsbereich von Datenverarbeitung und Recht scheint geboten, weil auch nach den letzten verdienstvollen Bemühungen *Fiedlers*[8] um eine begriffliche Ordnung auf diesem Gebiet und angesichts der von ihm gegebenen Nomenklatur noch weitere Fragen offen sind. Diese liegen weniger in dem Begriffskatalog, zu dem man übereinkommen kann, als vielmehr in der Zuordnung der Sachverhalte zu den definierten Begriffen. Die überkommenen Normen, mit welchen wir heute zu arbeiten haben, entstammen einer Epoche, in der noch nicht einmal nur theoretische Relationen zu einer automatisierten Normverwirklichung herzustellen waren. Es fehlen die formalen Klassifikationskriterien, so daß die Analyse der vorhandenen Normen in Bezug auf die Datenverarbeitung zu heterogenen Resultaten führen muß.

Das gilt nicht nur bezogen auf die Gesetzes- oder Verwaltungsvorschriften als solche, sondern auch für den Inhalt, den die Rechtsentwicklung diesen beige-

---

[5] *Simitis*, S. 99.

[6] s. auch Rahmen-Soll-Konzept Automatisiertes Liegenschaftskataster als Basis einer Grundstücksdatenbank, hrsg. von der Arbeitsgemeinschaft der Vermessungsverwaltungen der Länder, Mainz 1971.

[7] Hinsichtlich des Begriffes „Normsetzung" knüpfe ich an *von Berg*, a.a.O., an.

[8] Wandlungen der „Automationsgerechten Rechtssetzung", DVR 1972, S. 41 ff. Auf die hier zitierte Literatur sowie die Arbeit von *Kokai*, Gesichtspunkte für die Abfassung von Grundsätzen zur automationsgerechten Gestaltung von Rechts- und Verwaltungsvorschriften, ÖVD 1972, S. 91 und 159 ff., und ein Referat von *v. Berg* über Automationsgerechte Rechtsvorschriften vom 15. 6. 1972 in der Hessischen Zentrale für Datenverarbeitung wird hingewiesen.

messen hat. So kann im Sprachgebrauch *Fiedlers* die Vorschrift des § 1115 Abs. 1 BGB, „Bei der Eintragung der Hypothek müssen der Gläubiger, der Geldbetrag der Forderung und ... der Zinssatz, wenn andere Nebenleistungen zu entrichten sind, ihr Geldbetrag im Grundbuch angegeben werden", hinsichtlich der Darstellung der Nebenleistungen im Grundbuch dem Wortlaut nach als „automationsgünstig" bezeichnet werden. Die Behandlung eines festen Betrages ist in der EDV geläufig. Die Rechtsentwicklung ist aber aufgrund der wirtschaftlichen Bedürfnisse andere Wege gegangen[9]. Sie hat zugelassen, daß die Nebenleistungen in Vomhundertsätzen eines Kapitalbetrages dargestellt und daß nicht einmal die effektiven Sätze, sondern die möglichen Höchstsätze (bis zu x%) eingetragen werden. Da die Kreditwirtschaft nunmehr vollends darauf eingestellt ist, muß dem Rechnung getragen werden. Das bedeutet, daß in der Dateiplanung neben der einfachen Betragsdarstellung der Nebenleistungen Modalitäten zur Darstellung des Vomhundertsatzes, des für die Berechnung maßgeblichen Kapitals – wenn es nicht das Ursprungskapital ist[10] – und etwaiger Höchstbeträge vorgehalten werden müssen. Entsprechend sind Ein- und Ausgabe aufwendiger zu gestalten. Die Probleme sind zwar nicht schwerwiegend und inzwischen theoretisch gelöst, sie zeigen aber plastisch das Erfordernis der automationsbezogenen Betrachtungsweise.

Der Begriff der „Automationsgerechtigkeit" ist nunmehr von *Fiedler*[11] festgelegt auf die Triplex der Nutzung der EDV im Sinne der gesellschaftspolitischen Zielsetzung, die Einbeziehung der Sekundäreffekte und die technisch günstige Normgestaltung. Die terminologische Verknüpfung dieses Begriffes mit den rechtsethischen, rechtssoziologischen und rechtspolitischen Grundlagen und Auswirkungen eines rechtlichen Regelungskomplexes ist deswegen bedeutsam, weil hiermit der Datenverarbeitungstechnik ihr eigentlicher Platz als ausschließlich technisches Instrument zugewiesen wird, ohne daß die Fernwirkungen aus dem Blickfeld geraten[12].

Die gesetzgeberische Praxis kommt aber meines Erachtens nicht aus ohne einen Begriff, der zwar die beabsichtigte terminologische Schärfe von „Automationsgerechtigkeit", „Automationsgünstigkeit" oder „Automationsgeeignetheit" vermissen läßt, der aber zugleich ohne diese oder andere Wertungsprädikate die Alltagserfordernisse abdeckt.

Im Entwicklungsstadium läßt sich zwar die Zielsetzung eines Anwendungskomplexes im großen und ganzen formulieren, Abstufungen und Auswirkungen der Normen sind aber noch nicht abgeschlossen und daher nicht voll qualifizierbar.

Hier genügt es vielfach, die besondere Automationsbezogenheit des Rechtskomplexes oder auch nur der vorgesehenen Einzelnorm hervorzuheben, wobei zugleich alle Möglichkeiten der positiven Unterscheidung – wie sie *Fiedler* beispielsweise darstellt[13] – offen bleiben müssen und auch nicht die eine oder andere ausgeschlossen ist.

---

[9] *Palandt*, 31. Aufl., § 1115 BGB Anm. 5 b m. w. N.
[10] BGHZ, Bd. 47, S. 41.
[11] *Fiedler*, a.a.O., S. 43/44.
[12] *Simitis*, a.a.O., S. 59.
[13] *Fiedler*, a.a.O.

Automative Normsetzung will daher verstanden werden als Rechtsausformung in Anbetracht der EDV, jedoch ohne apriorische Festlegung auf eine funktionelle Unterscheidung, weil insoweit eine hinreichende Ausdifferenzierung noch fehlt.

Da der gesamte Problemkomplex einer Umstellung des Grundbuchs auf EDV noch voll in der Entwicklung begriffen ist, und namentlich bisher keine ins Einzelne gehenden technischen Erfahrungen vorliegen, können auch die theoretischen Überlegungen als nicht abgeschlossen betrachtet werden. Sie wollen daher nur als ein Beitrag zu der Diskussion über das Verhältnis von Norm und Automat verstanden sein.

B. Grundsätzliche und methodische Probleme einer Umstellung des Grundbuchs auf elektronische Datenverarbeitung

1. Das Konzept des automatisierten Grundbuchs

Der Hinweis darauf, daß bisher nur das theoretische Konzept für die Automatisierung des Grundbuchs — mit unterschiedlicher Verfeinerung — entworfen ist, gilt nicht nur für den Bereich der Normsetzung, sondern zugleich für die gesamte Auslegung des rechtlichen und technischen Systems.

Der Prozeß der Automatisierung ist bereits alleine aus der Sicht des Grundbuchs vielschichtig und von den Anfängen her nicht überschaubar. Es kommt hinzu, daß damit zugleich die Automatisierung des Liegenschaftskatasters verbunden werden soll[14]. Die Zielvorstellung besteht in einem vollintegrierten rechts- und realitätsbezogenen Bodenregister. Die administrativen Zuständigkeiten sollen davon nicht berührt werden.

Die vorbereitenden Arbeiten in der Justiz reichen einige Jahre zurück.

Am 14. November 1969 hat die von der Justizministerkonferenz eingesetzte Bund-Länder-Kommission für Datenverarbeitung in der Justiz beschlossen zu untersuchen, ob das Grundbuchwesen in der Bundesrepublik sich eignet, in elektronischer Datenverarbeitung geführt zu werden. Zu diesem Zweck wurde von den Landesjustizverwaltungen Bayern, Hessen und Rheinland-Pfalz eine Sachkommission gebildet, die in diesen Ländern zunächst selbständige Arbeitsgruppen eingesetzt hat. Nach Voruntersuchungen, die zur Beantwortung der grundsätzlichen Frage angestellt wurden, ob das Grundbuch überhaupt für eine nähere Prüfung zur Automatisierung in Betracht gezogen werden kann, haben die Arbeitsgruppen Ist-Untersuchungen vorgenommen, in welchen die mit der Grundbuchführung verbundenen Bestände, Ereignisse und Tätigkeiten beschrieben wurden. Anhand dieses Materials wurden dann von Bayern einerseits und Hessen und Rheinland-Pfalz andererseits im Jahre 1971 Rahmen-Soll-Konzepte entwickelt, die die grundlegenden Vorstellungen zu einer Automatisierung des Grundbuchs in Integration mit dem Liegenschaftskataster enthalten.

---

[14] Rahmen-Soll-Konzepte zur Automatisierung des Grundbuchs und des Liegenschaftskatasters.

Aufgrund der Sitzung vom 8. und 9. Juni 1971 hat die Datenverarbeitungskommission aus den Arbeitsgruppen der drei beteiligten Länder eine Projektgruppe mit Arbeitssitzen in Mainz und München gebildet und dieser den Auftrag erteilt, die Planungen fortzusetzen und bei den Einzeluntersuchungen – vorbehaltlich neuer Erkenntnisse – von folgenden (hier zusammengefaßten) Grundsätzen auszugehen:

a) das EDV-System soll Grundbuch im Rechtssinne sein; die Datenerfassung soll durch den Rechtspfleger erfolgen und das Grundbuch im Wege der Datenfernverarbeitung geführt werden. Dabei sollen Überprüfungsarbeiten soweit möglich der Anlage übertragen werden.

b) Der Grundbuchinhalt soll weitgehend normiert und verschlüsselt werden. Ein- und Ausgabe sollen sowohl grundstücks- als auch eigentümerbezogen möglich sein. Für die Ausgabe soll grundsätzlich nur der aktuelle Stand zur Verfügung stehen, frühere Grundbuchzustände müssen rekonstruierbar sein. Es muß ausreichende Sicherung der Daten gewährleistet sein. Die Aussagekraft der Information über Grundstücke muß in vollem Umfange erhalten bleiben und nach Möglichkeit erweitert werden.

c) Grundbuch und Liegenschaftskataster (ohne Kartenwerk) sollen integriert werden; es erfolgt eine Öffnung für weitere grundstücksbezogene Daten. Dabei ist von der Identität von Grundstück und Flurstück auszugehen. Die Zusammenarbeit mit den Flurbereinigungsbehörden soll durch unmittelbaren Datenaustausch erfolgen.

In rechtlicher Hinsicht steht im Vordergrund die Frage, was nach einer Automatisierung des Grundbuchs das Grundbuch im Rechtssinne mit den mannigfachen Wirkungen sein soll.

Für die Lösung dieser Frage bieten sich zwei Möglichkeiten an, zunächst die, daß nur die Führung des Grundbuchs durch die EDV-Anlage vorgenommen wird, das Grundbuch aber weiterhin in dem Papierausdruck besteht und als andere die, daß das Grundbuch ein Datenträger der Anlage ist und die Rechtsverhältnisse an den Grundstücken durch die in den Speichern der Anlage enthaltenen Daten ausgewiesen werden.

Die erste Modalität ist dem geltenden formellen Grundbuchrecht verwandt. Nur durch die zweite, die durch den Kommissionsbeschluß bereits vorgezeichnet wurde, wird die Leistungsfähigkeit einer EDV-Anlage erst voll ausgenutzt, weil manuelle Arbeiten weitestgehend beseitigt werden. Welcher Datenträger aber unter welchen Umständen das Grundbuch bilden kann, und unter welchen Voraussetzungen eine Grundbucheintragung in einer EDV-Anlage vollzogen ist, wird unter den verschiedenen rechtlichen und technischen Aspekten noch zu untersuchen sein[15]. Keine Zweifel bestehen daran, daß der Random-Zugriff zu den Grundbuchdaten als einzige Zugriffsvariante in Betracht kommt, weil nur er den Gegebenheiten der automatischen Datenfernverarbeitung im on-line-Betrieb gerecht wird. Nach dieser Vorstellung werden die Grundbuchdaten

---

[15] Dazu *Geiger*, Das Computergrundbuch, DSWR 1972, S. 362 ff.

eines Landes in einer oder wenigen wirtschaftlich ausgelasteten Rechenzentralen zusammengefaßt, die Grundbuchführung jedoch wie bisher durch die Grundbuchämter vorgenommen, die über Datenstationen (Terminals) mit der Anlage verbunden sind. Als Terminals kommen Sichtgeräte und Konsoldrucker infrage, über die zur Vermeidung zusätzlicher zeit- und kostenaufwendiger Arbeiten nur noch der Rechtspfleger selbst die Grundbuchdaten in die Anlage eingibt. Von Routineüberprüfungen der Eintragungsanträge soll der Rechtspfleger durch programmiert vorgegebene Plausibilitätskontrollen entlastet werden.

Die jederzeitige Informationsmöglichkeit über den Grundbuchinhalt wird bei Datenfernverarbeitung im on-line-Betrieb gewährleistet. Ein aktueller Auskunftsdienst ist der Ausgleich dafür, daß der Papierausdruck der Anlage auf das notwendige Maß, wie beispielsweise die Protokollierung der von dem Rechtspfleger eingetragenen Veränderungen, beschränkt wird. Privatpersonen kann Grundbucheinsicht grundsätzlich über die bei den Grundbuchämtern zu installierenden Datensichtgeräte gewährt werden. In geeigneten Fällen, die noch näher zu definieren sind, können die vorhandenen Konsoldrucker auch Auszüge erstellen. Öffentliche Stellen, die auf häufige Grundbucheinsicht angewiesen sind, wie zum Beispiel Notare oder Planungsbehörden, kann je nach Auslegung des Rechenzentrums Gelegenheit zur Einrichtung von Datensichtgeräten geboten werden. Bei umfassendem Bedarf lassen sich Auszüge durch die Schnelldrucker der Zentrale fertigen. Die Anträge auf Erteilung von Grundbuch-Auszügen werden vom Grundbuchamt entgegengenommen. Sie werden im Laufe eines Tages in einer Liste festgehalten, in der auch der erforderliche Suchbegriff (Name, Grundbuchnummer oder Flurstücknummer), die Bezeichnung des Antragstellers und ein Hinweis auf dessen Berechtigung vermerkt sind. Diese Angaben werden dem Rechenzentrum über die Datenstation mitgeteilt, das die Auszüge herstellt und unmittelbar dem Antragsteller übersendet.

Der Dateiaufbau und die Form der Datenspeicherung müssen sich nach wirtschaftlichen Überlegungen und den technischen Möglichkeiten richten. Dabei muß die richtige Zuordnung der einzelnen Rechte zu den Grundstücken gewährleistet und bei der Datenausgabe eine Information in der entsprechend angebotenen Form möglich sein. Bei der Datenorganisation ist auf die Abhängigkeit von der externen Form der Daten, die Vermeidung von Doppelspeicherung und die Reduktion der Zugriffe auf ein vertretbares Maß zu achten. Da der Zugriff zu den Grundstücksdaten über den Eigentümer wie über das Grundstück erfolgen kann, ist die Frage der Grundbuchführung in der Form des Real- oder des Persoanalfoliums gegenstandslos geworden.

Ungeachtet dessen, daß der sachliche Informationsgehalt des Grundbuchs nicht verändert werden darf, müssen die in das EDV-Grundbuch einzutragenden Tatsachen in einer der Datenverarbeitungsanlage entsprechenden Weise aufbereitet werden. Theoretisch wäre es möglich, das bisherige Grundbuch in der Anlage abzuspiegeln, das wäre jedoch wenig sinnvoll, weil der damit verbundene Aufwand und die Leistungsbeschränkung der Anlage nicht vertretbar wären. Das bedeutet, daß der Datenbestand der maschinellen Ausnutzbarkeit entsprechend gestaltet sein muß. Für die maschineninterne Speicherung ist auf Redundanz und Füllwörter zu verzichten. Es sind daher Überlegungen anzustellen, wie der vorhandene und der künftige Bestand der einzutragenden Tatsachen neu zu organisieren ist.

In einem ersten Rationalisierungsschritt, der auch dem heutigen Grundbuch dient, sind die vorhandenen Grundbucheintragungstexte so weit wie möglich zu standardisieren. Die Ist-Untersuchungen haben gezeigt, daß – soweit nicht durch Textverarbeitungsmaschinen bereits Rationalisierungsverfahren eingeführt sind – inhaltlich gleiche Grundbucheintragungen selbst bei einem Grundbuchamt verschieden sind. Der mit einem solchen Verfahren verbundene Datenaufwand kann in einem EDV-System nicht aufrechterhalten werden. Es ist daher für Sinneinheiten bestimmter Eintragungen ein bestimmter Text festzulegen. Auch nach dieser unbedingt notwendigen Normierung ist der Zeichenbedarf noch erheblich. Der Zeichenbestand muß daher für die Eingabe durch eine sinnvolle Verschlüsselung der Eintragungstexte noch weiter reduziert werden. Das bedeutet, daß für eine bestimmte Grundbucheintragung nicht nur ein normierter Text vorliegt, sondern auch entsprechende Schlüsselzeichen vorhanden sind. Mit diesen arbeiten nur der Rechtspfleger und die Anlage, während im Grundbuchauszug oder bei der Grundbucheinsicht der zugeordnete normierte Volltext wiedergegeben wird.

Die Variablen, wie Geldbeträge, Prozentsätze oder Daten werden voraussichtlich über Eingabemasken den Schlüsselzeichen so zugeordnet, daß dadurch die gewünschte Eintragung entsteht. Nicht alle Eintragungstexte lassen sich abschließend normieren. Hierfür muß statt der Verschlüsselung die Möglichkeit einer Kurzbeschreibung offengehalten werden, die zugleich der Rechtsentwicklung und der besonderen Rechtsgestaltung dient.

Die externe Form der von dem EDV-System auszugebenden Information über das Grundstück ist unabhänigg von der internen Darstellung, dem Dateiaufbau und der gewählten Verschlüsselungsart. Eine sachliche Änderung des Inhalts des Grundbuchs wird nicht angestrebt. Der vollständige von dem System ausgegebene Grundbuchauszug wird eingeteilt in das Bestandsverzeichnis, in dem die Grundstücke wie bisher beschrieben sind, das Eigentümerverzeichnis und ein Belastungsverzeichnis, in dem die Rechte der Abt. 2 und 3 zusammengefaßt werden.

In den Grundbuchauszügen und bei der Einsicht über das Datensichtgerät erscheinen im Prinzip nur die aktuellen Daten. Auf die generelle Ausgabe des historischen Grundbuchstandes wird verzichtet. Dieser wird jedoch vorgehalten und steht bei Bedarf zur Verfügung.

Die Erfassung der vorhandenen Grundbuchdaten für die Umstellung auf EDV (Ersterfassung) wird die schwierigsten Fragen aufwerfen. Der damit verbundene Aufwand wird ungleich größer sein als der spätere Fortführungsdienst. Bei den Planungsarbeiten sind folgende zwingenden Voraussetzungen zu beachten: Die Parallelität von alter und neuer Organisation muß möglichst kurz sein; der Datenbestand muß aktuell sein und die einzutragenden Texte sind nach der vorgegebenen Normierung zu verkürzen; die Grundbuchämter müssen in der Umstellungsphase auskunftsbereit sein; Fortführungen haben auch während der Erfassungsphase zu erfolgen; schließlich ist der Fortführungsdienst lückenlos nachzuerfassen. Für die Ersterfassung wird eine besondere Verfahrensregelung erwogen.

Der sich an die Umstellung anschließende Fortführungsdienst wird vom Rechtspfleger vorgenommen. Dieser prüft die eingehenden Anträge, verschlüsselt den Eintragungsinhalt, soweit ihm nicht Maskenformate zur Verfügung stehen und gibt den so aufbereiteten Text in die Anlage ein. Die antragstellenden Beteiligten und namentlich die Notare sollen nicht mit der Vorgabe verschlüsselter Eintragungstexte belastet werden. Jedoch soll ihnen, soweit es der Rationalisierung dient, Gelegenheit gegeben werden, sich durch Verwendung der Normtexte dem Grundbuchverfahren anzupassen.

Die Automatisierung des Grundbuchs ist durch eine Integration mit dem Liegenschaftskataster verbunden. Grundbuch und Liegenschaftskataster stehen in engen Wechselbeziehungen. Sie enthalten zum Teil dieselben Angaben über die Grund- bzw. Flurstücke. Das bedeutet, daß wegen derselben zwischen beiden Behörden ein aufwendiges Mitteilungsverfahren[16] schwebt. Durch die EDV wird erstmals die Möglichkeit zu einer ineinandergreifenden Bearbeitung geschaffen. Die gemeinsam benötigten Daten werden nur noch von der Stelle, bei der sie entstehen, für beide Bereiche erfaßt und fortgeführt. Es ist jeweils der direkte Zugriff zu den Daten gegeben.

Die Integration ist jedoch nur möglich, wenn die bestehenden Organisationen von Grundbuch und Liegenschaftskataster aufeinander abgestimmt werden. Hierzu müssen Kataster- und Grundbuchbezirk einander deckungsgleich sein, die Buchungspflicht ist für alle Grundstücke, zwar nicht zwingend, aber erstrebenswert, auch sollten Grundstück und Flurstück weitgehend identisch sein und die Buchung in dem Bezirk der Belegenheit vorgenommen werden.

Die Integration gebietet auch, daß Veränderungen der Grundstücks- bzw. Flurstücksfläche, bisher Teilung und Vereinigung einerseits und Zerlegung und Verschmelzung andererseits, nach Möglichkeit zu vereinfachen und vereinheitlichen. Die Einzeluntersuchungen dazu sind noch im Gange.

Unter dem Blickwinkel des Grundstücksinformationssystems „Grundstücksdatenbank" sind über Datenverbund und Datenaustausch weitere Anschlußmöglichkeiten, beispielsweise für das Einwohnermeldewesen, das Steuerwesen, das Planungs- und Bauwesen und die Statistik vorzusehen. Dies soll hier nur angedeutet werden.

2. Probleme automativer Normsetzung

a) Die Zielsetzung

Die nachfolgenden Fragestellungen bilden die Hintergründe und Begleitmotive der soeben wiedergegebenen Skizze eines automatisierten Grundbuchs. Sie

---

[16] AV d. RJM über die Erhaltung der Übereinstimmung zwischen dem Grundbuch und dem Reichskataster vom 20. 1. 1940, DJ, S. 214.

sind nicht immer nach der grundsätzlichen und der methodischen Seite eindeutig abzugrenzen. Daher werden sie so weit gemeinsam behandelt, wie es der Sachzwang gebietet. Das gilt bereits für die Frage nach den theoretischen Grundlagen für die Entwicklung des EDV-Grundbuchs.

Hier stellt sich vor allem als die grundlegende Problematik die Einordnung eines EDV-Grundbuchs mit seinen weiterreichenden Auswirkungen in Integration mit dem Liegenschaftskataster und den übrigen stärker hervortretenden Sonderverbindungen in das gesamte Bezugssystem des fortbestehenden Immobiliarsachenrechts. An sich lassen sich zu einer Realisation beliebig viele Varianten bilden, die von einer rein technologisch ausgelegten Konzeption eines Eigentümer- und Rechtsregisters bis zu einem Grundbuch mit allen Automationswidrigkeiten reichen. Beides ist nicht der Sinn einer in doppelter Hinsicht sachgerechten Umstellung. Als Leitlinie für diese dient die Konzeption, in das bestehende Rechtssystem so wenig wie möglich einzugreifen und daher Rechtsänderungen nur in einem solchen Rahmen vorzuschlagen, wie es die Neugestaltung der Registertechnik erforderlich macht.

Die Ursachen für diese Arbeitshypothese, die dem Fortschrittlichen vielleicht zu behutsam erscheinen mag, sind verschiedener Art.

Sie beruhen vor allem in dem Untersuchungsauftrag der Datenverarbeitungskommission. Dieser ist darauf eingerichtet, die Möglichkeiten der Umstellung des Grundbuchs herauszufinden. Recht verstanden, besagt das zugleich, daß das Grundbuch funktionell erhalten bleiben soll. Insoweit sind der Dispositionsfreiheit der Projektgruppe bei der Ausführung ihres Auftrages Grenzen gesetzt.

Eine in dieser Hinsicht extensive Auslegung der Arbeitsvorgabe kommt aber auch aus anderen Gründen nicht in Betracht.

Das Grundbuch dient der authentischen Darstellung der Immobiliarsachenrechte, die – mag man auch die volle Funktionsfähigkeit gegenüber den wirtschaftlichen Anforderungen heute infrage stellen –, sicher ist und als Mittel der Urkundlichkeit nicht in Zweifel gezogen wird. Angesichts der Werte, die von dem Grundbuch erfaßt und dokumentiert sind, muß das System, jedenfalls aus heutiger Sicht, weitestgehend erhalten bleiben, weil die Folgen einer anderenfalls möglichen diskontinuierlichen Entwicklung oder etwaiger ungewollter Systembrüche, auf deren mögliche Immanenz *v. Berg* bereits hingewiesen hat[17], nicht abschätzbar sind. Eine Umstellung darf nicht mit leichtfertiger Vermögensgefährdung erkauft werden. Das damit verbundene Risiko wäre für die Berechtigten und die Haftenden gleichermaßen nicht tragbar.

Hinzu kommt ein schwerwiegendes praktisches Problem. Die entscheidende Klippe für die Umstellung des Grundbuchs bildet – das ist bereits angedeutet worden – die erste Erfassung der vorhandenen Bestände. Sie ist bereits deswegen noch nicht kalkulierbar, weil hier zahlreiche rechtliche und technische Komponenten zusammenkommen, die zur Zeit in ihrer realen Wirkung noch nicht übersehen werden.

---

[17] a.a.O., S. 86 ff.

Neben anderem muß mit beträchtlichem Aufwand bei der Neugestaltung der Eintragungstexte gerechnet werden. Mit den Strukturen des gegenwärtigen Systems, die beibehalten werden sollen, sind die Rechtspfleger, auf denen die Hauptlast der Umstellung ruhen wird, vertraut. Würde man hingegen die Erfassung zugleich mit grundlegenden strukturellen Änderungen belasten, sei es hinsichtlich der Grundbuchinhalte, sei es hinsichtlich der Gesamtorganisation, dann würden so erhebliche, gegenwärtig nicht notwendige Unsicherheiten eingebracht, daß die Durchführung der Umstellung weder zeitlich noch technisch vertretbar wäre und vor allem auch den Beteiligten nicht zugemutet werden könnte.

b) Die Einzelproblematik

aa) Vorbemerkung

In der Phase der automationsbezogenen Norm- oder Rechtssetzung muß die Kybernetik der konkreten Ordnungsprobleme herausgearbeitet und analysiert werden.

Nicht mehr der nur vorgedachte, sondern eigentlich erst der modellierte oder simulierte[18] Funktionszusammenhang erschließt bei einem umfassenden Rechtsgebiet hinreichend den gesamten Wirkkomplex, welcher seinerseits das Urteil über den Grad, den Umfang und die Nuancierung des zu gestaltenden rechtlichen Sollens ermöglicht.

Das bedeutet hinwiederum eine Sichtung des Stoffes in materialer und formaler Hinsicht, und zwar zugleich unter den Aspekten des vorhandenen Bestandes, der Datenverarbeitungstechnologie und der rechtlichen, technisch zu verwirklichenden Zielsetzung.

Im materialen Bereich sind die Fragen zu stellen nach

- der Einsetzbarkeit der Datenverarbeitung für den ausgewählten Rechtskomplex;
- der Tragfähigkeit des geltenden (materiellen und formellen) Rechts (und zugeordneter Verwaltungsvorschriften) für eine Automatisierung und
- den Wirkungen der Automatisierung auf die materielle Rechtsgestaltung.

In formaler Hinsicht sind folgende Problemstellungen vordringlich:

- die Analyse des formalen Standortes einzelner Normen und des entsprechenden Normenranges und
- die Frage nach den formalen Anforderungen der Datenverarbeitungstechnik an die Normsetzung.

Im Anschluß daran ergibt sich die Darstellung eines Modells der automationsbezogenen Normkonzeption.

---

[18] Wegen der Problematik des Verwaltungsplanspiels sei an dieser Stelle nur auf *Hopt*, Simulation und Planspiel in Recht und Gesetzgebung, DVR 1972, S. 1 ff., hingewiesen.

bb) Die Einsetzbarkeit der Datenverarbeitung

Die Frage, ob die elektronische Datenverarbeitung zu Aufgaben in der Rechtsanwendung herangezogen werden soll, hängt von zahlreichen Faktoren ab, die zudem ungleichartiger Herkunft sind[19].

Neben der eigentlichen Eignung für den vorgesehenen Zweck sind wegen des Aufwandes, der alleine mit der Realisation und der Fortführung verbunden ist, vor allem die Gesichtspunkte der Wirtschaftlichkeit im weitesten Sinne und der Prioritätsverhältnisse zu anderen Anwendungen, für eine Entscheidung zugunsten des Einsatzes der elektronischen Datenverarbeitung maßgebend. Die verschiedenen Anwendungen lassen sich immer weniger nur in den einzelnen Verwaltungsbereichen festlegen. Sie bedürfen häufig bereits der Grundlegung durch politische Entscheidungen[20]. Denn letztlich läßt sich die Datenverarbeitung nur einführen, wenn in den öffentlichen Haushalten die entsprechenden Mittel bereitgestellt sind. Das kann aber nur erreicht werden, sofern die Ausgaben einen geeigneten politischen Zweck erfüllen sollen.

Die Frage der speziellen Eignung des Einsatzes der Datenverarbeitung ist im übrigen dann verhältnismäßig einfach zu beantworten, wenn die Rechtsverwirklichung vorwiegend in der Bewältigung offenkundig algorithmischer Probleme liegt, nämlich solchen der Abrechnung und Berechnung.

Die Entwicklung der technischen Möglichkeiten ist inzwischen darüber hinaus. Man hat bereits seit längerem Probleme in Angriff genommen, die vorwiegend nichtnumerischer Art sind (jedoch algorithmisierbar). Hier seien nur beispielhaft die Systeme für das Einwohnermeldewesen, die kriminalpolizeiliche Auskunft, das Katasterwesen (hinsichtlich des Buchwerks) und die verschiedenen Dokumentationssysteme genannt.

Diesen Anwendungen ist gemein, daß vorab — ebenso wie für das Grundbuch — geklärt werden müßte, ob das Verfahren in Algorithmen auflösbar ist und ob die Software die rechtlichen Anforderungen erfüllt.

Nachdem der Funktionsrahmen für eine Automatisierung des Grundbuchs festgestellt ist, ergeben sich an die Technik folgende grundsätzliche Anforderungen:

- In Anspruch genommen wird überwiegend die Speicherungsleistung einer EDVA. Die eigentlichen Rechenfunktionen sind untergeordnet.
- Die Daten müssen so ausgegeben werden, wie dies durch die Eingabe bestimmt wird; vorwiegend kommt Datenfernverarbeitung infrage.
- Die Daten müssen jederzeit wiederauffindbar, direkt greifbar und aktualisierbar sein; sie sollen möglichst nur einmal gespeichert werden.

---

[19] *v. Berg*, S. 19 ff.; *Fiedler*, JuS 1970, S. 522 ff.

[20] Der besondere und vielschichtige Charakter in der Willensbildung bei dem Einsatz der EDV in der öffentlichen Verwaltung wird namentlich deutlich in der „Vereinbarung über die Organisation der elektronischen Datenverarbeitung im kommunalen Bereich und die Zusammenarbeit mit der Landesverwaltung" von Rheinland-Pfalz vom 22. 12. 1970, Min.Bl. 1971 Sp. 365.

– Schließlich muß die Datensicherung der Funktion des Grundbuchs entsprechen.

Diese technischen Anforderungen können nunmehr bis hin zu den Entwürfen für Datenbanksysteme bejaht werden. Die praktische Erprobung steht noch aus. Sie kann jedoch nach dem Ergebnis der theoretischen Untersuchungen am Modell versucht werden.

Daß die Anforderungen an die Software-Technik, namentlich hinsichtlich der Datenbank-Software, außerordentlich differenziert sind, sei an einem Eintragungsproblem anschaulich gemacht.

Gegeben sei ein Bestand, der mehreren Eigentümern, zum Teil im Anteils-, zum Teil im Gesamthandsverhältnis gehört. In diesem befinden sich mehrere Grundstücke sowie Belastungen in Abt. 2 und 3. Er wird dergestalt verändert, daß Eigentümer ausscheiden, neue hinzutreten, Grundstücke ab- und zugeschrieben werden und in den Belastungen Rangänderungen, Verpfändungen und Löschungen vorgenommen werden sowie weitere Rechte hinzutreten.

Während zwar der Rechtspfleger die Veränderungen zu den einzelnen Datenfeldern eingibt, hat das System die Aufgabe, die sämtlichen Eintragungen zu dem Bestand so aufzunehmen, zu sortieren und zu verwalten, daß sie dem gewollten Grundbuchinhalt entsprechen, stets wiedergefunden und ausgegeben werden können. Dabei soll die gesamte Kommunikation zusätzlich über Datenfernverarbeitung laufen.

Die Anforderungen an das Datenbanksystem werden namentlich dann besonders hoch, wenn Veränderungen mit höherer und differenzierter Periodizität auftreten. Auch sie müssen bewältigt werden, denn sie sind, namentlich bei ohnehin umfassenden Beständen, nicht ausgeschlossen. Systemfremde Hilfslösungen dürfen wegen der damit verbundenen Gefahren nicht in Kauf genommen werden.

cc) Die Tragfähigkeit des geltenden Rechts

Die das Grundstückswesen und damit vielfach zugleich direkt oder indirekt das Grundbuch betreffenden Rechts- und Verwaltungsvorschriften sind zahlreich. Sie sind in den Ist-Analysen zusammengetragen[21].

Die darauf beruhende Rechtswirklichkeit, wie sie namentlich in der Dogmatik und der praktischen Rechtsanwendung besteht, ist vielfältig.

Von den Vorschriften selbst wird nur ein verhältnismäßig geringer Teil durch die Automatisierung berührt. Es handelt sich namentlich um diejenigen Regeln und Hintergrundvorstellungen, die unmittelbar mit der Buchführungstechnik verbunden sind.

Die Erscheinungen in der Praxis hingegen erhalten durch die Automatisierung ein völlig neues Gepräge, sei es hinsichtlich der Dokumentation, des Verfahrens, sei es der weitergreifenden Wirkungen.

---

[21] Z. B. Ist-Analyse von Rheinland-Pfalz vom Februar 1971, Anlage 3 und 4.

Da die eigentlichen Rechtsänderungen, von einigen Ausnahmen abgesehen, im wesentlichen nur das Grundbucheintragungsverfahren betreffen sollen, wird zugleich davon ausgegangen, daß die Rechtsgrundlagen des bisherigen Systems auch die Automatisierung zu stützen vermögen. Der Hintergrund muß jedoch dahin abgesichert werden, daß – entgegen der bisherigen Vorstellung von dem geschriebenen Dokument – nunmehr das Grundbuch durch die elektronische Datenverarbeitung geführt wird[22].

Wichtiger als eine hierzu herstellbare differenzierte Gesetzgebungstechnik erscheint die theoretische Durchdringung einer solchen Regelung unter Berücksichtigung der technischen Möglichkeiten und Gegebenheiten sowie der rechtlichen Anforderungen. Das bedeutet, daß das geltende Recht nicht nur zu überprüfen ist auf eine Anpassung durch Rechtsänderung. Es muß auch die Automationsbezogenheit als Auslegungskriterium neben die bekannten Maßstäbe der Gesetzesauslegung treten[23]. Dadurch dürfte bereits viel für eine Rechtsanwendung im automatisierten Bereich gewonnen sein. Allerdings müssen namentlich den Gerichten hinreichende Hilfsmittel an die Hand gegeben werden, will man nicht Gefahr laufen, daß vermeidbare Fehlentwicklungen entstehen. Solche könnten z. B. in einer entsprechenden Erweiterung der Grundsätze für die Fassung automationsgerechter Vorschriften[24] und durch Sachverständige, aber auch Fortbildungsmaßnahmen gegeben werden[25].

Die automationsbezogene Rechtsauslegung muß insbesondere im materiellen Grundbuchrecht einsetzen. Hier sind es vor allem die Grundbucheintragung und die Eintragungswirkung, die – soweit dies nicht durch positive Regelung geschieht – theoretisch abgesichert werden müssen. So scheint kein Bedürfnis zu bestehen, die Vorschrift des § 892 BGB im Hinblick auf die Automatisierung in ihrem Wortlaut zu ändern[26]; jedoch müssen die tatsächlichen Voraussetzungen für eine Umstellung eindeutig abgeklärt sein. Weitere Beispiele ließen sich anfügen[27]. Hier eröffnen sich erst die Ansätze zur Revision des Rechtsverständnisses.

dd) Die Wirkungen der Automatisierung

Nach dem Dargelegten entspricht es an sich nicht der Zielprojektion, durch die Automatisierung des Grundbuchs nennenswerte modifizierte materiell-rechtliche Regelungen herbeizuführen. Nur eine von allerdings beträchtlicher vereinfachender Wirkung ist hier besonders erstrebenswert, nämlich die Beseitigung der Löschungsvormerkung (nach § 1179 BGB). Zwar ist die Automatisierung nicht grundsätzlich darauf angewiesen, jedoch ist hierdurch die Rationalisierungswirkung von erheblicher Bedeutung, weil sowohl das Verfahren verbes-

---

[22] Verf. „Das Grundbuch in elektronischer Datenverarbeitung", DSWR 1972, S. 322 ff., S. 323.

[23] Verf. hat dies in seiner vorbezeichneten Arbeit bereits anzudeuten versucht.

[24] Bzgl. Bayern und Niedersachsen vgl. *Burhenne-Perband*, EDV-Recht, Nr. 220 und 255.

[25] So eine Veranstaltung der Richterakademie im Herbst 1971 in Bad Dürkheim.

[26] *Geiger*, a.a.O., S. 366 ff.

[27] Hier wäre insbesondere an eine mögliche automationsgerechte Interpretation der Verfahrensprinzipien der Grundbuchordnung zu denken.

sert, der Eintragungsinhalt übersichtlicher gestaltet wie auch der Datenbestand reduziert wird.

Weit darüber hinaus gehen aber die metajuristischen materialen Wirkungen der Automatisierung. Diese bestehen – von der angestrebten Rationalisierung des gesamten Systems abgesehen – vor allem in einer Neukanalisierung des gesamten Datenflusses. Zwar ist das Grundbuchamt wie bisher die Eingangsstelle. Die Datensammlung erfolgt dann aber zentral. Auch der Datenabfluß, sei es durch die Grundbuchauskünfte, sei es durch die zu erteilenden Grundbuchauszüge, beginnt zentral.

Abweichend von der bisherigen Technik ergeben sich in der Fernwirkung zahlreiche Möglichkeiten einer weitergehenden durchrationalisierbaren Kommunikation mit Großbenutzern, darunter vor allem staatlichen Stellen, und zwar neben etwaiger erweiterter Integration, auch durch Übertragung von Datenträgern. Für das Grundbuch werden die gesammelten Daten automatisierter Baulandumlegung und Flurbereinigung zur Aktualisierung ebenso interessant sein wie die Überprüfung der eigenen Personaldaten an dem aktuelleren Einwohnermeldewesen.

Am Datenabfluß setzt zugleich der Datenschutz ein. Diesem muß über § 12 GBO hinaus besonderes Augenmerk gewidmet werden, zumal über die Integration mit dem Liegenschaftskataster zumindest zwei Behörden unmittelbaren Zugang zu den Grundbuchdaten haben werden.

Daneben treten als „Sekundäreffekte" vor allem zahlreiche Auswertungsmöglichkeiten für Statistik, Planung und Forschung.

Für möglich gehalten wird weiterhin eine stärkere Mobilisierung des gesamten Immobiliarverkehrs, wenn zu der technischen Dynamisierung hinzutritt, daß die psychologische Schwelle der Schwerfälligkeit überwunden wird. Das kann im Interesse einer gleichmäßigeren Güterverteilung wünschenswert sein. Mit Mitteln der Simulation lassen sich überdies neue und andere Modelle dinglicher Rechte entwickeln und auf ihre Brauchbarkeit prüfen.

Im einzelnen können diese Möglichkeiten fernerer Gestaltung erst mit zunehmender Verwirklichung des Projektes näher geprüft und weiterverfolgt werden. Im Entwicklungsstadium muß zunächst das Nahziel eingehalten werden.

ee) Die Analyse des formalen Standortes einzelner durch die Automation betroffener Normen

Da es darum geht, geltende Rechtsvorschriften, genauer gesagt, ein Rechtssystem für eine ganz spezielle Anwendung den Erfordernissen der Automatisierung anzupassen, muß das Postulat der Automatisierung an der Hierarchie der betroffenen Normen nach ihrem formalen Rang gemessen werden.

Nicht nur die Bestimmtheit der gesetzlichen Tatbestände[28], die Komplexität der jeweiligen Regelungen und der Abstraktionsgrad der Normen – wie sie im Prinzip in dem nachfolgenden Abschnitt angesprochen sind –, sondern auch

---

[28] *v. Berg*, a.a.O., S. 27 ff.

die Einpassung des Normenranges bildet ein selbständiges Kriterium der automativen Normsetzung[29].

Ob sich die Aussage wagen läßt, daß der Normrang im umgekehrten Verhältnis zur Automatisierbarkeit, oder wenigstens in einer ähnlichen Relation, steht, scheint derzeit noch nicht hinreichend geklärt[30]. Mindestens sind die dogmatischen Wirkungen und die „Sekundäreffekte" bei höheren Normen weittragender als bei Vorschriften niederen Ranges.

Aus der Sicht des Verfassungsrechtes ergeben sich in diesem Zusammenhang vor allem zwei Problemstellungen, nämlich die Auswirkungen einer Automatisierung des Grundbuchs auf das Eigentum (im Sinne des Verfassungsrechtes) und auf die Stellung der Grundbuchämter in der Organisation der Datenverarbeitung.

Obwohl mit der Automatisierung des Grundbuchs keine unmittelbaren materiellen Auswirkungen auf das Grundbuch und die weiteren durch das Grundbuch dokumentierten Rechte beabsichtigt sind, sind Nebenwirkungen nicht ausgeschlossen.

Diese können sich vor allem aus der Systemumstellung ergeben. Da der Staat das Monopol des Immobiliar-Sachenrechtsnachweises führt, trägt er die Verantwortung für die richtige Registerführung. Bei Fehlverhalten ergibt sich im Normalfall ein Amtshaftungsproblem. Dieses wird jedoch zu einem Problem der Eigentumsgarantie, wenn durch die neue Registertechnik der Grundbuchinhalt einer meßbaren Gefährdung hinsichtlich seines Bestandes und der Ermittlung desselben mehr als bisher ausgesetzt sein sollte und wenn zudem die Fehlerquellen der Umstellung nicht hinreichend abgesichert sind.

Der Gesetzgeber würde den Rahmen der Verfassung überschreiten, wenn er bei der Konzeption der Umstellung diese Gegebenheiten nicht beachten würde. Daraus folgt, daß in geeigneten Versuchen die Leistungen der Technik mit Sorgfalt zu prüfen sind und daß ein Umstellungsverfahren von großer Zuverlässigkeit entwickelt werden muß. Man wird zwar an der Umstellung die Eigentümer und Berechtigten beteiligen können, jedoch nur in einem solchen Rahmen, wie dies bei der zunächst allseits fremden Materie zumutbar sein kann. Die eigentliche Last der Verantwortung für den richtigen Rechtsbestand kann dem Staat nicht abgenommen werden.

Im administrativen Organisationsbereich treten vorrangig zwei Fragestellungen auf, und zwar betreffen sie die Stellung des Amtsgerichts als Grundbuchamt (§ 1 GBO) im Integrationsbereich der Grundstücksdatenbank und die Position der Gerichte im System der zentralisierten staatlichen Datenverarbeitung der Länder.

Während – wie bereits aufgezeigt – die Vorstellungen hinsichtlich der Grundstücksdatenbank dahin gehen, daß jede beteiligte Behörde – voran also Grundbuch- und Katasteramt – ihre Selbständigkeit bewahrt und nur die Daten

---

[29] *Klug*, Juristische Logik, Berlin 1966, S. 172.
[30] *Klug*, a.a.O.

integriert geführt werden, so daß aus dieser Sicht die Eigenständigkeit des Grundbuchamtes als Gericht nicht berührt wird[31], können sich im Verhältnis zu der staatlichen Organisation der Datenverarbeitung Probleme ergeben. Solche stellen sich dann nicht, wenn die Datenverarbeitung des Grundbuchs beziehungsweise der Grundstücksdatenbank von der Justizverwaltung geführt wird. Es bestehen aber in den Bundesländern vielfach bereits konkrete Vorstellungen und Festlegungen über die gesamtliche staatliche Datenverarbeitung[32]. Daher gilt es, eine Lösung zu entwickeln, durch die das Grundbuch nötigenfalls – sei es auch nur in einer Übergangsphase – in das staatliche Datenverarbeitungssystem eingegliedert werden kann. In § 20 FVG ist für die Finanzverwaltung eine Datenverarbeitung außer Hause angesprochen. Für die Grundbuchämter ist, da sie bei Gerichten geführt werden, die Problematik vielschichtiger. Sie bedarf der weiteren Diskussion.

Auf der nächsten Rangstufe steht – aus der Sicht des Grundbuchs – das Bundes-Gesetzes- und -Verordnungsrecht z. B. des bürgerlichen Gesetzbuchs, der Grundbuchordnung, der Grundbuchverfügung sowie der Ausführungsverordnungen. Hier treten formale Rangprobleme zwischen dem geltenden Recht und den Rechtsvorstellungen zur Automatisierung von grundsätzlicher Bedeutung weniger in den Vordergrund, weil an dieser Stelle die eigentlichen Probleme der materiellen Anpassung und damit der Umgestaltung liegen. Ver- oder Einschiebungen im formalen Rang der Normen sind gleichviel zu erwarten. Auch im Bereich des Landesrechtes und der nachgeordneten Verwaltungsanordnungen sind die Probleme aus der Sicht der automativen Normsetzung nicht von einem in diesem Rahmen zu diskutierenden Gewicht.

ff) Die formalen Anforderungen der Technik an die Normsetzung

An dieser Stelle kann es nicht darum gehen, die allgemeinen Kriterien der automativen Normsetzung zu wiederholen. Insoweit kann zusammenfassend auf die jüngsten Ausführungen von *Fiedler* hingewiesen werden[33].

Für den konkreten Anwendungsfall des Grundbuchs sollen lediglich einige Besonderheiten der geforderten Verarbeitung und der sich daraus ergebenden Aufgaben für die Normsetzung herausgehoben werden.

Da der Umfang, in dem das Grundbuch automatisiert werden soll, auf die Registerführung beschränkt ist, treten die Probleme der automatisierten Entscheidung in den Hintergrund. *Geiger*[34] hebt aber zutreffend hervor, daß auch die Registertätigkeit des Computers Datenverarbeitung darstellt. Diese befaßt sich weniger mit der Umwandlung als vielmehr mit der sachgerechten Aufbereitung und Abspeicherung der Daten. Auf das Prinzip reduziert, hat beim Grundbuch die Eingabe der Ausgabe zu entsprechen.

---

[31] Die Besonderheiten in Baden-Württemberg sollen hier ausgenommen sein.

[32] Vgl. *Burhenne-Perband,* a.a.O., Nr. 115 ff.

[33] Namentlich S. 50 ff.

[34] A.a.O., S. 364.

Die automative Normsetzung im Grundbuchwesen hat sich – gemessen an dem Umfang der Anforderungen – besonders zu beschäftigen mit der Aufbereitung der Daten für die automatische Registerführung, mit der rechtlichen Festlegung der Registertechnik (Software) und der Datenausgabe. Dabei ist in jeder Verfahrensphase der Datensicherung und dem Datenschutz eigene Aufmerksamkeit zu widmen. Ein Sonderproblem stellt die interne Realisierung der Integration mit dem Liegenschaftskataster dar. Dazu treten die externen Fragen der Organisation und Zusammenarbeit mit anderen Stellen der öffentlichen Verwaltung, den Notaren und den Beteiligten.

Bereits das Verwaltungsverfahren bei dem Grundbuchamt muß auf die automatische Registerführung zugeschnitten werden. Dementsprechend sind die Verfahrensvorschriften „automationsgünstig" zu entwerfen. Als unerwartet aufwendig und umfangreich hat sich für den Bereich der Datenermittlung der Komplex der Normierung und Verschlüsselung der Eintragungstexte erwiesen, durch den die Vielfalt der vorhandenen Grundbucheintragungen auf Standardmaße zurückgeführt wird. Die Handhabung der Normtexte, Normschlüssel, Normformate und etwaiger Eingabe-Masken muß rechtlich festgelegt werden, damit der Ein- und Ausgabeinhalt des Grundbuchs bei gleichen Sachverhalten gleich bleibt, auch wenn intern die Verarbeitungstechnik von Rechenzentrum zu Rechenzentrum verschieden sein sollte.

Auch das gesamte Programmpaket des automatisierten Grundbuchs bedarf der Analyse auf die rechtliche Festlegung. Hier sind noch zahlreiche Fragen offen.

Die einzusetzenden Programme lassen sich grob aufgliedern in die Anwendungsprogramme, Betriebssysteme, die Datenbankprogramme und die Datenfernverarbeitungsprogramme. Der Einfluß des Anwenders auf die Programme ist von der Sache und vom Hersteller her unterschiedlich. Während die Anwendungspogramme nach Inhalt und Funktion sowie nach der Art der hiesigen Aufgabenstellung vom Anwender bestimmt werden, liegen die Betriebssysteme und die Datenfernverarbeitung weitgehend in der Hand der Hersteller. Ähnliches gilt auch für die Datenbanksysteme, wenn nicht der beträchtliche Aufwand einer eigenen Entwicklung in Kauf genommen werden soll.

Schon hier zeigt sich eine Schwierigkeit in der rechtlichen Eingrenzung vor allem darin, daß die Hersteller wenig geneigt sein dürften, ihre Systemprogramme für eine juristische Festlegung zur Verfügung zu stellen.

Hinzu kommt ein weiteres. Ein Programm oder Programmprodukt – gleich welcher Herkunft – befindet sich bei einer permanenten Anwendung der vorgesehenen Größenordnung nie in einem Endzustand, sondern ständig in der Entwicklung. Auch die Hersteller arbeiten ständig an den Systemprogrammen, um sie komfortabler zu gestalten oder die Weiterentwicklung mit der Hardware abzugleichen. Werden die Programmpakete rechtlich festgelegt, so ist eine stillschweigende Anpassung an den technischen Fortschritt blockiert oder zumindest erschwert.

Davon abgesehen, ist überhaupt fraglich, ob die Programme in ihren Einzelheiten festgelegt werden sollten. Die Programmverwaltung und -pflege ist nur bei den Rechenzentren möglich. Von diesen kann eine sachgerechte Behandlung der Programme erwartet werden, wenn durch geeignete Rechtsgrundlage der Rahmen der Programme verbal – möglicherweise zugleich auch durch Diagramme – festgelegt wird, aber der Programmentwicklung und der Pflege die nötige Eigenbeweglichkeit bleibt. Auch die Ebene, auf der die Programmverantwortung liegen soll, müßte abgeklärt werden.

Schließlich ist der Datenausgabe insofern ein besonderes Augenmerk zu widmen, weil auch hier die neue Technik erhebliche Wirkungen hat. Als Ausgabevarianten kommen infrage solche über Terminal durch Sichtgerät und Drucker, durch den Schnelldrucker bei den Rechenzentren und durch Datenmassenausgabe namentlich an öffentliche Großbenutzer. Für sämtliche Ausgabe-Typen sind die Kriterien, das Verfahren und vor allem auch die Haftungsgrenzen festzulegen, die – je nach Betrachtung – unterschiedlich gestaltet sein können.

In der Integration mit dem Liegenschaftskataster ist vor allem der Bereich der übergreifenden Bearbeitung eindeutig festzulegen.

Hier bereiten vor anderem Schwierigkeiten die automationsgünstige Gestaltung der unterschiedlichen Definition von Grundstück und Flurstück sowie die entsprechenden Veränderungen durch Teilung und Vereinigung, Zerlegung und Verschmelzung[35], und in diesem Zusammenhang namentlich die Fortgeltung des § 890 BGB. Wegen der Haftungsfolgen ist für den Benutzer besondere Transparenz geboten.

Im extern-organisationsrechtlichen Bereich ergeben sich die Fragestellungen nach der Modalität der Einbettung des gesamten Grundbuchkomplexes in den Organisationsbereich der Justiz, der Formalisierung der Kooperation zwischen Grundbuch, beziehungsweise Grundstücksdatenbank und anderen Verwaltungsstellen, hierunter namentlich den Kommunen. Einer eigenen sorgfältigen Analyse und Abgleichung bedarf das Zusammenwirken zwischen den Notaren und dem automatisierten Grundbuch[36], das im wesentlichen bei dem Grundbuchverfahren mit zu gestalten sein wird. Darüber hinaus ist zu erwarten, daß unter den Beteiligten namentlich die Großbenutzer sich auf die Verfahrensabschnitte besonders einstellen werden, die auch bei ihnen eine Rationalisierungswirkung bringen werden. Auch hier kann sich das Bedürfnis zu rechtlichen Abgrenzungen und Festlegungen ergeben.

gg) Das Modell der Normierungskonzeption

Die dargelegte Vorstellung zur Gestaltung des Normkomplexes eines automatischen Grundbuchwesens läßt sich in ihrem Kernbereich wie folgt zusammenfassen:

- Gesetzesänderungen, namentlich im materiellen Recht und im grundsätzlichen Bereich des Grundbuchverfahrensrechts sollen nur soweit nötig vorgenommen werden. Gleichzeitig sollte aber die Automationsbezogenheit des

---

[35] Vgl. hierzu die entsprechenden Ausführungen in den Rahmen-Soll-Konzepten.

[36] Bei der Bundesnotarkammer besteht ein Ausschuß für Datenverarbeitung, der an den Projektarbeiten beteiligt ist.

materiellen Grundbuchrechts dogmatisch weiterentwickelt werden. Automationsgerechtigkeit muß als Auslegungskriterium anerkannt werden. Zu prüfen ist, ob die allgemeinen Haftungstatbestände zur Sicherung ausreichen.

- Unter dem Gesichtspunkt der Anwendung liegt im Grundbuch das Schwergewicht auf dem Ablauf des Registerverfahrens. Datenermittlung, Datenverarbeitung und Datenausgabe sind auf die Datenverarbeitungstechnik zuzuschneiden.
- Für die Datenverarbeitung muß zumindest der Programmrahmen so weit festgelegt werden, daß die Aufbereitung der einzugebenden Daten, die Eingabe und die Ausgabe nach den gleichen Grundsätzen und Formaten vorgenommen werden.
- In der Integration mit dem Liegenschaftskataster sind im Überschneidungsbereich die Kompetenzen und die Grenzfunktionen von Grundbuch- und Katasteramt festzulegen. Die Verantwortungen müssen – gleichviel, ob sie durch Handlungszuständigkeiten oder durch Programm getragen werden, für den Benutzer transparent sein. Materiell-rechtliche Abgrenzungen erscheinen notwendig.
- Der äußere Organisationsbereich muß neu definiert und die Kommunikation zu den verschiedenen Teilnehmern sachentsprechend gestaltet werden.

3. Methodische Besonderheiten

Es sei noch ein Blick auf die methodischen Besonderheiten des gesamten Projektes gerichtet.

Weithin fehlende theoretische Grundlegung und praktische Erfahrung in der Lösung derartiger Datenverarbeitungsprobleme wie auch der umfassende technische Komplex zwingen zum Pragmatismus. Die Eigenartigkeit des Stoffes bestimmt die Methode der Projektarbeit. Das bessere Einsehen in die Wirkungszusammenhänge von rechtlicher Vorstellung und technischer Möglichkeit wird erst mit der Weiterentwicklung gewonnen.

Die Interdependenz von permanentem technischen Fortschritt und daran sich bildender differenzierender technischer und rechtlicher Konzeption verbietet es, den Gesamtkomplex in Abschnitte zu zerlegen und diese sukzessive bis zur Reife zu bearbeiten. Es muß – soweit dies überhaupt möglich ist – auch bei der Bearbeitung der Teilprobleme ständig die Abstimmung auf die Gesamtlösung vorgenommen werden.

Deshalb wurden auch zunächst die Rahmen-Soll-Konzepte entwickelt und erst auf deren Grundlagen der Auftrag zu einem Soll-Konzept, also einem umfassenden Detailplan für die Gesamtlösung, erteilt. Ist das Soll-Konzept abgeschlossen, so können auch etwa daran anschließende Modellentwicklungen nur auf die Gesamtlösung gerichtet sein, weil aus einer Realisierung von Einzelabschnitten nicht auf die Funktionsfähigkeit eines automatisierten Grundbuchs insgesamt geschlossen werden kann.

Das bedeutet, daß – ungeachtet einer gewissen Schwerfälligkeit des Apparates – im Grunde die rechtlichen und technischen Arbeiten parallel laufen müssen, damit der Zusammenhalt gewahrt bleibt.

C. Der technische Fortschritt

Die vermutlich stärkste Belastung, der ein so zeitraubendes Projekt wie die Entwicklung der Grundstücksdatenbank unter dem Blickwinkel der Integration von Grundbuch und Liegenschaftskataster ausgesetzt ist, liegt im technischen Fortschritt. Jeder mit der Materie näher Befaßte weiß, daß die technische Entwicklung in der Phase der Realisierung über unsere heutigen Vorstellungen hinweggegangen sein wird. Das muß aber nicht nachteilig sein.

Wie die Entwicklung des Computers von einer Maschine, die nur Rechenprobleme bewältigt, zur Datenverarbeitungsanlage mit hochqualifizierter Software für differenzierteste und komplexe Probleme fortgeschritten ist, so wird auch für den künftigen Anwender durch weitere Vereinfachung der Programmierung, beispielsweise durch höhere Programmiersprachen, ausgereiftere Techniken und ständig verbesserte Hardware immer mehr Komfort geboten.

Dieser wirkt sich zugleich dahin aus, daß die Software-Leistung in der Datenverarbeitung zunehmend weitere Bereiche abdeckt und zugleich in der Problemorientierung anpassungsfähiger und damit – für den Bereich der Normsetzung – im Rahmen der Algorithmisierbarkeit auch *„rechtsgerechter"* wird. Gerade die theoretischen Untersuchungen zur Datenbanksoftware haben gezeigt, daß die Grundforderungen an die Datenbankorganisation einer Grundbuchdatei mit einigem Anspruch auf Komfort erst mit den neuesten Techniken abgedeckt werden können.

Der Fortschritt in der Software wie auch ein wachsendes allgemeines Grundverständnis für die Leistungsfähigkeit und die Grenzen der Datenverarbeitung sollten in der ferneren Gestaltung der Rechtsanwendung durch die Datenverarbeitung hoffen lassen, daß die „Automationsgerechtigkeit" in der Diskussion deshalb zurücktritt, weil sie eine Selbstverständlichkeit geworden ist.

Zusammenfassung

Im Rahmen der Bund-Länder-Kommission für Datenverarbeitung in der Justiz befaßt sich die Sach-Kommission Grundbuch, die aus den Ländern Bayern, Hessen und Rheinland-Pfalz besteht, mit Untersuchungen zur Automatisierung des Grundbuchs. Dabei ist zugleich eine Integration mit dem Liegenschaftskataster angestrebt. Im Jahre 1971 wurden entsprechende Rahmen-Soll-Konzepte vorgelegt. Zur Zeit arbeitet die Projektgruppe der Sachkommission an dem Soll-Konzept.

Die Automatisierung des Grundbuchs bedingt zugleich Rechtsänderungen zur Anpassung an die Erfordernisse der EDV-Technik. Die damit verbundenen Probleme werden als solche automativer Normsetzung bezeichnet, weil die Vorstellungen der rechtlichen Ausformung noch nicht abgeschlossen sind.

Im einzelnen werden möglichst wenig Rechtsänderungen vorgeschlagen, jedoch muß die Automationsgerechtigkeit als Auslegungskriterium für das geltende Recht anerkannt werden. Unter dem Gesichtspunkt der Anwendung liegt im Grundbuch das Schwergewicht auf dem Ablauf des Registerverfahrens. Die Erfordernisse der Datenermittlung, Datenverarbeitung und Datenausgabe sind auf die EDV-Technik zuzuschneiden. Für die Datenverarbeitung muß zumindest der Programmrahmen so weit festgelegt werden, daß Eingabe und Ausgabe nach gleichen Grundsätzen und Formaten vorgenommen werden. In gewissem Umfange sind im äußeren Organisationsbereich neue Konzeptionen nötig.

Das gesamte Projekt ist zeitraubend. Deshalb stellt der technische Fortschritt eine erhebliche Belastung dar. Es ist aber zugleich zu erwarten, daß die ständig verbesserte Technik auch die schwierigeren Anforderungen der rechtlichen Gestaltung in Zukunft noch besser erfüllen kann.

Summary

Within the Bund-Länder-Kommission für Datenverarbeitung in der Justiz (Federal-State Commission for Data Processing Within the Judiciary) the Sub-Commission on Real Estate Register, which consists of the states of Bayern, Hessen and Rheinland-Pfalz, is engaged in inquiries as to the automation of the real estate register. It is also intended to integrate the Liegenschaftskataster (Real Estate Survey Register). In 1971, corresponding Rahmen-Soll-Konzepte (preparatory target concepts) were presented. At the present, the project group of the Commission is working at the final target concept.

Automation of the real estate register necessitates at the same time changes in the law so as to adapt to the requirements of EDP technology. The problems connected therewith are referred to as those of automative standard-setting because the conceptions about the legal effectuation are not yet been finally determined.

In particular, as few as possible changes in the law are suggested; however, automation compatibility has to be recognized as a criterion for interpreting the laws currently in force. Under the aspect of application, the focus in the real estate register is centered on the registration procedure. The requirements of data derivation, data processing, and data output must be tailored to EDP technology. As a data processing, at least the program frame must be determined to such an extent that data input and output is carried out according to identical principles and formas. To a certain extent, new concepts are called for in the external organization area.

The total project is time-consuming. Therefore, technological progress brings with it considerable burdens. However, it may also be expected that constantly improving technology will in the future be able to fulfill even better also the more difficult tasks of shaping the law.

Andreas Tschudi

Rechtsinformatik in der Schweiz

Ein Situationsbericht

I. Noch ist es in der Schweiz nicht Mode geworden, von der „Informationskrise des Rechts" zu schreiben und zu sprechen[1]. Das eidgenössische Informationswesen steckt (noch) nicht in einer „Krise", obschon es auch bei uns nicht an mannigfaltigen Erscheinungen fehlt, die als „Krankheitssymptome" gedeutet werden könnten. Ein Malaise wird jedoch nicht empfunden. Ausgeblieben ist bis jetzt jene gefährliche Situation abnehmender staatlicher Kommunikations-, Koordinations- und Steuerungsfähigkeit, die als Folge der zunehmend komplexer werdenden sozialen Prozesse zu entstehen droht und auch die Grundfesten des helvetischen Rechtslebens erschüttern würde.

Es sind vor allem zwei Ursachen, die für das (vorläufige) Fehlen der Informationskrise angeführt werden können. Erstens ist die Schweiz klein, sehr klein sogar. Mit ihren 6,3 Millionen Einwohnern[2] hat sie beispielsweise zehnmal weniger Bevölkerung als die Bundesrepublik Deutschland, ist sie kleiner als manches der deutschen Bundesländer[3]. Zudem ist die schweizerische Eidgenossenschaft verhältnismäßig tief und stark föderalistisch strukturiert. Der „Kantönligeist" in Helvetien ist sprichwörtlich geworden. Aus diesen beiden Gründen, insbesondere aber wegen der ausgeprägten föderalistischen Struktur, also wegen der durch die kantonale Souveränität und Autonomie gekennzeichneten schweizerischen Staatsform[4], fallen nirgendwo gleichzeitig übermäßig große Datenmengen an.

II. Unser Leben ist abhängig geworden vom Gehen und Drehen unserer Motoren und Maschinen. Unser Überleben und unser Wohlstand hängen ab vom Funktionieren unseres komplizierten Wirtschafts- und Staatssystems. Für einen möglichst reibungslosen Ablauf sorgt eine Vielfalt von rechtlichen Normen. Obwohl die Schweiz zu den am höchsten entwickelten Industrienationen der Welt gehört, ist ihre „Rechtsproduktion" in den letzten Jahren erstaunlich konstant geblieben. Die Zahl der Gesetze, der Verordnungen, der Verfügungen[5], die Zahl der Gesamtarbeitsverträge[6], die Zahl der Gerichtsurteile[7], aber auch diejenige der juristischen Monographien und Zeitschriftenbeiträge[8] hat nicht stark zugenommen. Der lineare Trend im juristischen Output hält weiter an. Eine typisch expo-

---

[1] In Anlehnung an das, wohl auch in der Schweiz am meisten beachtete und gelesene, rechtsinformatische Buch von *Simitis, Spiros*, Informationskrise des Rechts und Datenverarbeitung, Karlsruhe, 1970 (Recht – Justiz – Zeitgeschehen Band 7).

[2] Statistisches Jahrbuch der Schweiz 1972, herausgegeben vom Eidgenössischen Statistischen Amt, Bern im Juli 1972, S. 13 und S. 569.

[3] Baden-Württemberg, Bayern, Niedersachsen, Nordrhein-Westfalen sind bevölkerungsreicher als die Schweiz.

[4] Vgl. Artikel 3 der Bundesverfassung der Schweizerischen Eidgenossenschaft vom 29. Mai 1874: „Die Kantone sind souverän, soweit ihre Souveränität nicht durch die Bundesverfassung beschränkt ist, und üben als solche alle Rechte aus, welche nicht der Bundesgewalt übertragen sind."

[5] Exaktes Zahlenmaterial kann ich nicht angeben. Es fehlt gänzlich für die Schweiz. Eine Statistik wird darüber nicht geführt.

[6] Vgl. dazu das statistische Jahrbuch der Schweiz 1972, S. 388.

[7] Dem statistischen Jahrbuch der Schweiz 1972 kann man auf der Seite 548 entnehmen, daß die vom Schweizerischen Bundesgericht erledigten Streitsachen seit 1956 praktisch nicht zugenommen haben (1956: 1861 Fälle, 1971: 1948 Fälle).

[8] In zwanzig Jahren, von 1948 bis 1967, „erschienen 2662 selbständige Publikationen, 2642 Dissertationen und 4880 Zeitschriftenaufsätze". Diese Zahlen teilen *Vischer/Wahl* in ihrer Studie „In Sachen Recht und Computer" mit. Vgl. Schweizerische Juristen-Zeitung 1972, S. 34.

nentielle Entwicklung zeichnet sich (noch) nicht ab. Im Gegenteil: Es gibt zu wenig Kommentare und Lehrbücher zum Schweizer Recht.

Da die klassischen juristischen Informationsinstrumente, wie Gesetzessammlungen (neuerdings in Loseblattbuchform[9]), Entscheidungssammlungen und Zeitschriften, als Verbreitungs- und Speicherungsmedien rechtlich relevanter Information in der Schweiz immer noch leidlich gut spielen, ist es nicht verwunderlich, daß praktisch bis jetzt keine rechtsinformatischen Studien erschienen sind[10], und erst recht keine Bücher über juristische Informatik. „Computer", „Datenverarbeitung", „Informatik", „Kybernetik" – wer nach solchen und ähnlichen Stichwörtern in den Sachregistern helvetischer Rechtsblätter sucht, wird enttäuscht feststellen müssen, daß es sie (noch) nicht gibt. Bis jetzt existiert keine schweizerische Zeitschrift, die, wie zum Beispiel die „Juristischen Arbeitsblätter", eine ständige Rubrik „EDV und Recht" unterhält, geschweige denn ein Fachorgan, das sich ganz der Rechtsinformatik widmet, so wie es die drei neuen deutschen Fachzeitschriften „Öffentliche Verwaltung und Datenverarbeitung (ÖVD)", „Datenverarbeitung in Steuer, Wirtschaft und Recht (DSWR)" und „Datenverarbeitung im Recht (DVR)" tun.

III. An keiner der zehn schweizerischen Hochschulen[11] wurden bis heute rechtsinformatische Vorlesungen, Übungen, Kolloquien oder Seminare abgehalten. Lehrkräfte für juristische Informatik fehlen völlig. Wer bei uns Rechtsinformatik lernen möchte, kann dies vorderhand nur autodidaktisch tun, oder er muß sich im Ausland zum Rechtsinformatiker ausbilden lassen.

Die Forschung auf dem Gebiete der juristischen Informatik ist in der Schweiz erst ganz am Anfang. Am weitesten ist momentan die UNIDATA AG[12], die sich seit dem Jahre 1967 mit computerunterstützten, wissenschaftlichen Informationssystemen befaßt.

IV. Es darf einen deshalb nicht erstaunen, daß für den ersten Verhandlungsgegenstand am Schweizerischen Juristentag 1972, für den Problemkreis der „Datenverarbeitung im Recht", außer dieser Firma nur ausländische Referenten verpflichtet werden konnten[13]. Die drei Einführungsreferate zum Thema „l'informatique au service du droit" wurden von einem Franzosen, einem Belgier und einem Deutschen gehalten[14]. Von deren Erfahrungen profitierten die rund dreihundert Kongreßteilnehmer der verschiedensten juristischen Berufssparten[15]. Es war der Computer, der viele von ihnen anfangs September 1972 nach Davos an den Juristentag gelockt hatte. Denn die Zahl der in der Schweiz installierten elektronischen Datenverarbeitungsanlagen war während der letzten Jahre exponentiell angestiegen. Man wollte sich über die Möglichkeiten und Grenzen der fantastischen „neuen" Maschinen informieren, die neue Probleme und Berufe schaffen und die ganz neue Methoden und einen neuen Arbeitsstil herausfordern. Man wollte erfahren, was diese „Denkmaschinen" und „Elektronengehirne" wirklich können, von denen in unserem kleinen Lande bereits rund zweitausend in Betrieb sind[16].

---

[9] Vgl. zum Beispiel die „Systematische Sammlung des Bundesrechts (SR)", die seit dem Jahre 1970 von der Schweizerischen Bundeskanzlei herausgegeben wird.

[10] Es gibt ganz wenige Ausnahmen. Vgl. die Fußnoten 8, 17 und *Wahl, H. P.*, Der Computer – ein Werkzeug der Juristen? Bemerkungen zu einer Demonstration am Schweizerischen Anwaltstag vom 23. Mai 1970, Schweizerische Juristen-Zeitung 1970, S. 270–272.

[11] Universitäten von Basel, Bern, Fribourg, Genève, Lausanne, Neuchâtel, Zürich; Eidgenössische Technische Hochschule Zürich; Ecole polytechnique fédérale de Lausanne; Hochschule St. Gallen für Wirtschafts- und Sozialwissenschaften.

[12] UNIDATA AG, Wissenschaftliche Informationssysteme, Merkurstraße 45, CH-8032 Zürich.

[13] Vgl. die Mitteilung von *Andreas Tschudi* zum Tagungsthema „Datenverarbeitung im Recht" am Schweizerischen Juristentag 1972, Juristische Arbeitsblätter 1972, S. 611 (Letzte Seiten 33).

[14] Die drei Einführungen sind als Heft 3 der Referate und Mitteilungen des Schweizerischen Juristenvereins 1972 veröffentlicht und in der Zeitschrift für Schweizerisches Recht, Neue Folge, Band 91, 1972, II. Halbband, S. 401 ff. abgedruckt worden.

[15] Etwas mehr als zehn Prozent der Mitglieder des Schweizerischen Juristenvereins waren zur 106. Jahresversammlung nach Davos gekommen. Wie der Präsident, Prof. Dr. *Kurt Eichenberger*, in seinem Jahresbericht festhält, zählte der Verein am 18. August 1972 genau 2708 Mitglieder.

[16] Vgl. die Mitteilungen des Instituts für Automation und Operations Research der Universität Freiburg (Schweiz), OUTPUT 1972, Nr. 3, S. 5.

Diese starke Zunahme an programmgesteuerten digitalen Rechenautomaten hat nicht nur bei den 300 Vertretern aus den Gebieten von Rechtswissenschaft, Justiz, Advokatur, Regierung, Verwaltung und Wirtschaft, die sich zum Kongreß eingefunden hatten, ein Interesse an der automatisierten Informationstransformation geweckt. Die ganze schweizerische Juristenwelt wird sich nun immer mehr bewußt, daß das stürmische Vordringen der EDV tiefgreifende Wandlungen für Staat und Recht mit sich bringen wird und daß sich auch der Jurist nicht mehr länger dem Einfluß des Computers entziehen kann. So sind bereits aus Anlaß des Schweizerischen Juristentages 1972, der den entscheidenden Markstein in diesem Bewußtwerdungsprozeß darstellen dürfte, mehrere Zeitungsartikel aus der Feder von Schweizer Juristen erschienen[17].

V. Von automatisierter Rechtsdokumentation spricht man schon lange. Konkrete Realisationen gibt es jedoch noch nicht. Die technischen, finanziellen und vor allem psychologischen Hindernisse sind nämlich größer, als man sich vorgestellt hatte. Doch immer mehr setzt sich die Erkenntnis durch, daß der Anteil, den die Informationssuche in jedem juristischen Arbeitspensum einnimmt, zu groß geworden ist und daß diese Zeitspanne durch den Einsatz der leistungsfähigen Maschinen der dritten Computer-Generation verkürzt werden kann. Man versucht also, gewisse Vorgänge bei der juristischen Dokumentation mit Hilfe von elektronischen Datenverarbeitungsanlagen zu automatisieren, in der naheliegenden Absicht, auf diese Weise beim Suchen von relevanten Informationen Zeit, Energie und Geld zu sparen. Hohes mittelbares Ziel der weltweiten Untersuchungen auf dem Gebiet der automatisierten Rechtsdokumentation sind vermehrte Rechtssicherheit und verbesserte Staatsaktivitäten.

VI. 1. Der belgische Dr. iur. *E. Houtart*, die Seele des 1967 ins Leben gerufenen CREDOC, hielt am Schweizerischen Juristentag 1972 einen schlichten Vortrag in französischer Sprache. Besonders wertvoll, angesichts unserer analogen Situation[18], waren seine Ausführungen über die Probleme der automatisierten Rechtsdokumentation in einem mehrsprachigen Lande[19].

Durch den Brüsseler Rechtsanwalt wurde das auf der Basis der Indexierungs-Methode funktionierende „centre belge de documentation juridique par ordinateur" repräsentiert[19a], das seit dem 1. September 1969 als erste juristische Datenbank von Europa die belgischen Juristen mit Informationen beliefert[20, 20a].

---

[17] Vgl. zum Beispiel *Kirschbaum, Emil*, Computer und Paragraphen, National-Zeitung Nr. 347 vom 8. September 1972, S. 3 und *Tschudi, Andreas*, Rechtsinformatik – die jüngste juristische Disziplin, Neue Zürcher Zeitung Nr. 415 vom 6. September 1972, S. 25 (Fernausgabe Nr. 246 vom 7. September 1972, S. 25); leicht gekürzt nachgedruckt in der Zeitschrift UNIVERSITAS 1972, Heft 10, S. 1101–1106.

[18] Belgien ist ein zweisprachiges Land. Seine beiden Staatssprachen sind das Französische und das Niederländische (Flämische). Die Schweiz ist ein viersprachiges Land. Unsere vier offiziellen Landessprachen sind das Deutsche, das Französische, das Italienische und das Rätoromanische. Vgl. Art. 116 Abs. 1 der Bundesverfassung der Schweizerischen Eidgenossenschaft vom 29. Mai 1874.

[19] *Houtart, Edouard*, Le multilinguisme, obstacle ou avantage pour la création d'un service de documentation juridique? Referate und Mitteilungen des Schweizerischen Juristenvereins 1972, Heft 3, S. 405 ff.

[19a] Wie *Houtart* mitteilte (a.a.O., S. 407 und 415), waren im Juni 1972 bereits 67 000 Dokumente im CREDOC gespeichert. Als Dokument wird „jede in sich geschlossene, nicht zu umfangreiche juristische Information" angesehen, so zum Beispiel ein Gesetzesartikel, ein Gerichtsurteil oder ein Fachaufsatz. Pro Dokument werden durchschnittlich 30 charakterisierende Stichwörter eingegeben, von denen momentan dank der Kombination der 7700 Deskriptoren mit den 700 Spezifikatoren 42 500 zur Verfügung stehen.

[20] Vgl. *Prestel, Bernhard M.*, Datenverarbeitung im Dienste juristischer Dokumentation, Berlin 1971 (EDV und Recht Band 3) S. 10.

[20a] *Houtart* ging in seinem Referat vor allem der Frage nach, ob die Vielsprachigkeit eines Landes ein Vor- oder ein Nachteil für die Schaffung eines computer-unterstützten juristischen Dokumentationszentrums bedeutet. Wie er überzeugt ist, liegt der entscheidende Vorteil der Indexierungsmethode darin, daß sich die Dokumente in jeder Sprache analysieren lassen. Auch die Anfragen können in jeder beliebigen Sprache gestellt werden. Der Nachweis aller relevanten Dokumente sämtlicher berücksichtigter Sprachen ist gewährleistet. Unumgängliche Voraussetzung dafür ist es jedoch, daß ein Begriffswörterbuch für die verschiedenen Sprachen erarbeitet wurde, was eine sehr anspruchsvolle, zeitraubende und kostspielige Tätigkeit ist.

2. Bei der computer-unterstützten juristischen Dokumentation ist der Jurist wichtiger als der Computer. Dies hob mit großer Eindringlichkeit als erster Redner am Juristentag Prof. Dr. *E. Bertrand*[21] hervor.

3. Nicht nur über Fragen der juristischen Dokumentation sprach der dritte ausländische Gastreferent. Prof. Dr. *Spiros Simitis* betonte, daß die Rezeption der elektronischen Datenverarbeitung in Staat und Recht „keine harmlose Modifikation juristischer Bürotechnik" darstelle. Auf dem Spiele stehe vielmehr der „Stellenwert der Rechtsordnung in einer von permanenter technologischer Innovation geprägten gesellschaftlichen Entwicklung[22]". In brillanter Diktion wies der deutsche Ordinarius alsdann auf die Konsequenzen der Einführung des Computers hin.

VII. Die beiden jungen Zürcher Juristen *B. Vischer* und *H. P. Wahl* lieferten am Schweizerischen Juristentag 1972 eine technisch perfekte Darbietung. Mit Hilfe dreier Diaprojektoren entwickelten sie auf der Breitleinwand in amüsanter Art und Weise Idee und Ziel ihrer juristischen Datenbank. Vier Televisionsbildschirme, ein Fernsehaufnahmegerät und die Datatypistin an der Eingabetastatur dienten anschließend dazu, das von der Juristischen Datenbank AG benutzte Volltext-Dokumentationsverfahren der UNIDATA AG zu demonstrieren. Nur eingefleischte „Antiinformatiker" ließen sich von der gut gelungenen Vorführung nicht beeindrucken.

Im Jahre 1970 war die Firma „Recht und Computer AG" in Zürich gegründet worden, „mit dem Ziel, jedermann mit dem Nachweis juristischer Dokumente aus den Bereichen der Gesetzgebung, Rechtsprechung und Lehre zu dienen"[23]. Noch im gleichen Jahr wurde die Firma in „Juristische Datenbank AG" („Banque de données juridiques S. A.", „Banca di data giuridici S. A.") umgetauft und beim Handelsregisteramt zur Eintragung angemeldet. Die abgeänderte, für Philologen problematische Firmenbezeichnung wurde schließlich nach zähem Rechtshandel durch Bundesgerichtsentscheid vom 8. Juni 1971 zugelassen[24].

Ab 1. Oktober 1972 kann nun alle Welt die Dienste der Juristischen Datenbank AG in Anspruch nehmen. Jeder Benutzer bezahlt eine jährliche Grundgebühr von SFr. 100,–. Zusätzlich hat er für jede Frage eine Bearbeitungsgebühr von SFr. 35,– zu entrichten.

In Zusammenarbeit mit den Instituten der Juristischen Fakultät der Universität Basel erfolgt der Aufbau des „Rechts-Gedächtnisses" der Juristischen Datenbank AG in mehreren Phasen. Vorläufig stehen nur die rechtsbibliographischen Daten der seit dem 1. Januar 1972 publizierten juristischen Literatur ausgewählter Gebiete des schweizerischen Privatrechts zur Verfügung[25]. Aus dreißig schweizerischen Periodika werden diese Daten fortlaufend geschöpft. Der Kunde stellt seine Frage nach relevanter Rechtsliteratur anhand eines systematischen Schlagwortregisters, das momentan 900 Begriffe umfaßt. Je nach Wunsch wird das angeforderte Literaturverzeichnis entweder nach dem Autorennamen in alphabetischer oder nach dem Erscheinungsjahr in chronologischer Reihenfolge herausgedruckt.

In einem nächsten Schritt sollen die rechtsbibliographischen Daten einiger Bereiche des schweizerischen öffentlichen Rechts (Staatsrecht, Verwaltungsrecht, Strafrecht, Prozeßrecht) dazukommen. Später soll dann auch die Rückwärtsdokumentation ausgebaut, d. h. die vor dem 1. Januar 1972 erschienene Literatur erfaßt werden. Die Aufnahme der

---

[21] *Bertrand* ist Direktor des Institut d'Etudes Judiciaires d'Aix-en-Provence. Für ihn ist das Dokumentationsproblem vor allem ein Sprachproblem. Vgl. *Bertrand, Edmond*, L'informatique et les difficultés du vocabulaire juridique, Referate und Mitteilungen des Schweizerischen Juristenvereins 1972, Heft 3, S. 419 ff.

[22] *Simitis, Spiros*, Computer, Sozialtechnologie und Jurisprudenz, Referate und Mitteilungen des Schweizerischen Juristenvereins 1972, Heft 3, S. 438.

[23] *Vischer, Bernhard*, Das Dokumentationssystem der UNIDATA AG, in: Materialien zur Rechtsinformatik, Folge 1, Frankfurt 1971, S. 71.

[24] Vgl. die Glosse in der Neuen Zürcher Zeitung Nr. 73 vom 13. Februar 1972 mit dem Titel „Reitende Artilleriekaserne vor Bundesgericht".

[25] Im Prospekt der Juristischen Datenbank AG sind folgende Bereiche aufgezählt: Internationales Privatrecht, Zivilgesetzbuch und Obligationenrecht, Arbeits- und Sozialrecht, Haftpflicht- und Privatversicherungsrecht.

Gesetze des Bundes und der Kantone in den Informationsstock stellen weitere Stufen der fortschreitenden Ausweitung des Dokumentationsbereiches der Juristischen Datenbank AG dar.

VIII. Am 10. August 1972 ist die „Schweizerische Gesellschaft für Rechtsinformatik" („Société Suisse pour l'informatique juridique") als idealer Verein im Sinne von Artikel 60 des Schweizerischen Zivilgesetzbuches gegründet worden. Der Sitz der Gesellschaft befindet sich in Zürich[26]. Grundsätzlich müssen die Mitglieder der Gesellschaft das schweizerische Staatsbürgerrecht besitzen oder ihr Domizil in der Schweiz haben.

Die statutarische Zielsetzung der Schweizerischen Gesellschaft für Rechtsinformatik besteht in der „Erforschung der Voraussetzungen, Möglichkeiten und Probleme der automatisierten Informationsverarbeitung im Recht (Rechtsinformatik) und ihrer Auswirkungen auf das schweizerische Rechts- und Staatsleben"[27]. Diese Zweckbestimmung rührt von der beunruhigenden Tatsache her, daß sich bislang in der Schweiz niemand intensiv mit den rechts- und staatspolitischen Folgen der EDV beschäftigt hat.

Die Initianten der Schweizerischen Gesellschaft für Rechtsinformatik sind der Meinung, daß die Wirkungen der automatisierten Informationstransformation auf Staat und Recht umwälzenden Charakter haben werden. Aufgabe von Schweizer Wissenschaftlern, die mit dem eidgenössischen Staatswesen gut vertraut sind, wird es sein, die neuen Probleme, die der Computer für das helvetische Rechtsleben mit sich bringt, vorausschauend zu erfassen und dafür Lösungsvarianten auszuarbeiten.

Die Schweizerische Gesellschaft für Rechtsinformatik hat im Sinn, diese Forschungstätigkeit zu fördern. Sie gedenkt, eine Dokumentationsstelle für juristische Informatik zu schaffen, und will als Podium und Koordinationsstelle für Aktivitäten im Sinne des Gesellschaftszweckes wirken. Sie wird ihre Anliegen mittels Publikationen und Veranstaltungen in die Öffentlichkeit tragen und um einen engen Kontakt zu den schweizerischen Hochschulen bemüht sein.

Schon seit acht Jahren[28] wird über Standort und Finanzierung des Schweizerischen Instituts für Rechtsvergleichung diskutiert, das die Informationslawinen an ausländischem Recht auffangen und für Helvetien fruchtbar machen sollte[29]. Diesem Institut könnte, so hofft man, ein Schweizerisches Institut für Rechtsinformatik angegliedert werden.

---

[26] Die Geschäftsstelle für die deutschsprachige Schweiz befindet sich im Moment an der Seegartenstr. 2 in Zürich, diejenige für die Welschschweiz in Genf (5, Passage des Lions).

[27] Artikel 3, Absatz 1 der Statuten der Schweizerischen Gesellschaft für Rechtsinformatik

[28] Seite Ende 1964

[29] Vgl. den Bericht zum Projekt eines Schweizerischen Instituts für Rechtsvergleichung, Wissenschafts-Politik (Mitteilungsblatt des Schweizerischen Wissenschaftsrates) 1970, Nr. 5, S. 26.

Werner Robert Svoboda

Die Zitatendokumentation auf dem Gebiet der Rechtswissenschaften

1. Die Erstellung des sog. Citation Index ist ein Dokumentationsverfahren, in dem in wissenschaftlichen Abhandlungen vorkommende Zitate für die Dokumentation ausgewertet werden. Es wird davon ausgegangen, daß jede schriftliche wissenschaftliche Arbeit auf den Ergebnissen vorhergehender Arbeiten beruht und es wird angenommen, daß diese Grundlagen (zumindest die wesentlichsten) in der betreffenden Arbeit auch zitiert werden. Hat man nun eine bestimmte wissenschaftliche Arbeit in Händen, so wäre es von großem Nutzen, auch zu den Arbeiten, die von der vorliegenden Arbeit beeinflußt werden und damit auch bis zu den neuesten Informationen auf dem behandelten Gebiet Zugang zu finden. Dazu ist es nötig, diejenigen Arbeiten zu erfassen, die die vorliegende Arbeit zitieren. Ist dies geschehen, können mit Hilfe des Citation Index, der gewissermaßen die Stammbäume der wissenschaftlichen Arbeiten auf Grund ihrer durch Zitate gegebenen Zusammenhänge enthält, von jeder beliebigen wissenschaftlichen Arbeit ausgehend sämtliche Ahnen (Arbeiten, auf der die vorliegende Arbeit beruht) und sämtliche Kinder (Arbeiten, die auf der vorliegenden Arbeit beruhen) nachgewiesen werden; und dies nicht nur in gerader Linie (um bei der Erbrechtsterminologie zu bleiben), sondern auch in beliebig vielen Seitenlinien.

1.1 Ich möchte auf die technischen Fragen dieser Methode, die am Institut for Scientific Information in Philadelphia (USA) entwickelt wurde, hier nicht näher eingehen[1], sondern nur kurz die Funktionsweise bei einem Suchvorgang schildern. Der Benützer gibt dem System ein Dokument als Ausgangsdokument an und bekommt sämtliche Dokumente nachgewiesen, die von diesem Dokument zitiert werden und sämtliche, die dieses Dokument zitieren. Nach der Prüfung auf ihre Relevanz werden die nachgewiesenen Dokumente als Ausgangsdokumente verwendet und wieder festgestellt, welche Dokumente diese Dokumente zitieren oder von ihnen zitiert werden.

1.2 Neben dieser oben genannten Suchfunktion, die der Citation Index erfüllt, ergeben sich noch andere Anwendungsbereiche. So kann man diesen Index statistisch auswerten und damit feststellen, wie oft eine bestimmte Arbeit in der Folge zitiert wurde. Aus dieser Zahl können unter Umständen Rückschlüsse auf die Wichtigkeit der betreffenden Arbeit gezogen werden[2]. Die Ergebnisse dieser Anwendung des CI werden allerdings durch die relativ große Rolle, die der Zufall bei der Anführung von Zitaten und durch andere Umstände[3] eingeschränkt.

1.3 Schließlich wurde die Dokumentation von Zitaten auch verwendet, um beim Information Retrieval zusätzliche Informationen zu erhalten. Dabei wurde davon ausgegangen, daß die in einem Dokument zitierten Dokumente in der Regel in einem engen Zusammenhang zum behandelten Problem stehen und damit bei der Suche über Zitate eine große Zugriffsgenauigkeit besteht. Tatsächlich haben Suchfragen wesentlich bessere Ergebnisse gezeigt, wenn man neben den üblichen Suchstrategien auch über (Vorwärts- und Rückwärts-) Zitate abfragte[4].

---

[1] Siehe z. B. *E. Garfield*, Citation Indexes for Science, A new dimension in documentation through association of ideas, Science (1955) S. 108; *F. Model*, „Citation Index" und „Rückwärtskatalogisierung", Beispiele für Zitatendokumentation, Nachr.Dok. (1964) H. 3, S. 122

[2] *Westbrook*, Identifying significant research, Science (1960) S. 1229 und *Margelis*, Citation Index and evaluation of scientific papers, Science (1967) S. 1213, zitiert in *Salton*, Automatic indexing using bibliographic citations, Journal of Documentation 1971, S. 98

[3] *F. Model*, a.a.O., S. 127.

[4] Nach *Salton*, a.a.O., S. 99 bis zu 10% mehr wiederaufgefundene Dokumente.

2. Die Arbeitsweise einer Zitatendokumentation ist sehr ähnlich dem Verfahren, das ein Wissenschaftler üblicherweise (ohne Unterstützung durch ein besonderes Informationssystem) bei der Suche nach für ein bestimmtes Problem relevanten Dokumenten anwendet. Man könnte daraus folgern, daß diese Dokumentationsmethode die ideale und auch vollständig ausreichende Methode für den Nachweis von relevanten Dokumenten darstellt.Wenn man aber das Zufallsmoment bedenkt, das bei der Aufnahme von Zitaten in wissenschaftlichen Arbeiten u. U. eine große Rolle spielt, scheint es nicht so, daß dieses Verfahren das automatisierte Retrieval-Verfahren auf Deskriptorbasis vollständig ersetzen könnte oder dieses nur darauf beschränkt, die Ausgangsdokumente für die Anwendung der Zitatenauswertung zu gewinnen, denn das Retrieval-Verfahren auf Deskriptorbasis bietet m. E. mehr als eine bloße Hilfsfunktion für die Zitatendokumentation. Auch kann es innerhalb einer Rechtsdokumentation Dokumentarten geben, wo eine auf Zitate aufbauende Dokumentation nicht sinnvoll erscheint.

Zu beachten ist ferner, daß eine Zitatendokumentation auf dem Gebiet des Rechtswesens nicht immer eingesetzt werden wird, um möglichst viele relevante Dokumente zu einem Sachverhalt zu liefern, sondern sie kann andere wertvolle Aufgaben erfüllen (z. B. die Erfassung der formellen Derogation bei Gesetzen).

Es wurden Untersuchungen unternommen, um die in gerichtlichen Entscheidungen zitierten Entscheidungen für die Suche nach relevanten Dokumenten nutzbar zu machen[5]. Der Grundgedanke ist hier ein ähnlicher wie bei der Zitatenauswertung in der Literatur, wobei aber die in der Literatur ausgenützte aufbauende Funktion von Zitaten ersetzt wird durch die den juristischen Entscheidungen eigentümliche Orientierung an Vorentscheidungen. Vielleicht haben in bezug auf die Suche nach relevanten Dokumenten sogar die in Entscheidungszitaten innewohnenden Kontinuitätsvorstellungen eine günstigere Auswirkung auf das Suchergebnis als die in Literaturzitaten zum Ausdruck kommenden Entwicklungstendenzen. Dieses Verfahren wurde allerdings für den anglo-amerikanischen Bereich (case-law-System) entwickelt, weswegen dessen Anwendungsmöglichkeiten auf kontinentale Rechtssysteme genauer zu prüfen sein wird.

3. Um ein in einem Dokument A vorkommendes Zitat (betreffend ein Dokument X) vollständig zu erfassen, wäre das Dokument X nach den im System geltenden Regeln auszuwerten und, um den Zusammenhang festzuhalten, in dem das Zitat zum zitierten Dokument steht, der Mikrokontext aus dem Dokument A zu entnehmen. Dazu werden in der Regel die im Dokument A zitierten Angaben zum Dokument X nicht genügen, sondern dieses wird selbst vorliegen müssen, was anders ausgedrückt ein vollständig integriertes System, d. h. ein System, in das alle Dokumente Aufnahme finden, voraussetzt. Dieser Idealfall wird nie vorliegen, so daß das Vorhandensein des Dokuments X im System simuliert werden muß, wenn dieses Dokument nicht im System enthalten ist. Dies wieder geschieht durch die Aufnahme von Informationen, die dem Zitat selbst entnommen werden können.

Um ein in einem Dokument vorkommendes Zitat für ein Informationssystem auszuwerten, sind daher folgende Informationen festzuhalten:

1. Identifikationsmerkmale, die es dem System erlauben zu prüfen, ob das zitierte Dokument im System schon aufgenommen ist, beziehungsweise die gewährleisten, daß bei der Aufnahme eines Dokumentes in das System das Dokument als ein zitiertes erkannt wird (Verknüpfungen, die sich aus der Aufgabe der Vorwärts- und Rückwärtsdokumentation ergeben).
2. Merkmale, die es dem Benützer ermöglichen, das zitierte Dokument zu identifizieren; hierbei wird sinnvollerweise in Anlehnung an die üblichen Zitierregeln vorzugehen sein.
3. Merkmale, die dem Benützer den Zusammenhang zwischen dem Dokument und dem darin enthaltenen Zitat nachweisen, also sozusagen das Zitat in seinem Mikrokontext

[5] *St. M. Marx*, Citation networks in the law, Jourimetrics Journal 1970, S. 121.

nachweisen. Dieser Nachweis kann in vielen Fällen die Entscheidung erleichtern, ob auf das zitierte Dokument zurückgegriffen werden soll und hat darüber hinaus besondere Bedeutung für Gesetzeszitate in Gesetzen.

Bei der Aufnahme vom Dokument A in das System wird das darin enthaltene Zitat im Hinblick auf die 3 oben genannten Merkmale ausgewertet. Bei der Aufnahme jedes weiteren Dokumentes wird über das 1. Merkmal geprüft, ob dieses Dokument schon im System ist (normale Funktion des duplication check code) und darüber hinaus, ob es als Zitat in schon aufgenommenen Dokumenten vorkommt. Ist letzteres der Fall (z. B. das Dokument X wird im Dokument A zitiert), wird das 2. Merkmal eliminiert und an dessen Stelle eine Querverbindung zwischen Dokument A und Dokument X hergestelt. Außerdem wird beim Dokument X festgehalten, daß es ein zitiertes ist (vom Dokument A) und der Mikrokontext, in dem das Zitat steht.

4. Es erhebt sich nun die Frage der Anwendung der aufgezeigten Möglichkeiten der Zitatendokumentation innerhalb einer Rechtsdokumentation. Erschwerend für die Beantwortung dieser Frage wirkt sich aus, daß innerhalb einer Rechtsdokumentation wesentlich verschiedene Dokumentarten vorhanden sind, so daß die Brauchbarkeit der Zitatendokumentation für jede Art von Dokument separat untersucht werden muß. Die wichtigsten Dokumentarten auf dem Gebiet des Rechts sind generelle Normen (Gesetze und Verordnungen), individuelle Normen (ich werde hier nur die Gerichtsentscheidungen, nicht die individuellen Verwaltungsakte behandeln) und rechtswissenschaftliche Literatur, die Zitate enthalten können, die sich grundsätzlich wieder auf diese 3 Dokumentarten beziehen können.

4.1 Generelle Rechtsnormen als zitierendes Dokument

In dieser Dokumentart sind als Zitate kaum andere als wieder generelle Rechtsnormen denkbar. Der Benützer einer solchen Zitatendokumentation bekommt

a) sämtliche Gesetzesstellen, die auf die Gesetzesstelle, von der er ausgeht, verweisen, ferner

b) sämtliche Gesetzesstellen, die auf die Gesetzesstellen nach a) verweisen usw., bis keine Verweise mehr vorhanden sind; er bekommt

c) sämtliche Gesetzesstellen nachgewiesen, auf die in den Gesetzesstellen nach a) und b) verwiesen wird; die Schritte a), b) und c) können so oft wiederholt werden, bis keine Verweise mehr gefunden werden.

Statistische Auswertungen dieser Ergebnisse erscheinen nicht sinnvoll.

Derartige Verweise sind für ein juristisches Informationssystem von besonderer Bedeutung und können jede Arbeit mit diesen Normen wesentlich vereinfachen, sei es die Arbeit des Gesetzgebers selbst (z. B. bei Novellierungen oder Neuregelung eines Gegenstandes: durch die Zitatendokumentation werden sämtliche dadurch notwendig werdenden weiteren Änderungen nachgewiesen), sei es die Arbeit des Wissenschaftlers (z. B. für die Aufdeckung von Zusammenhängen) oder des Rechtsanwenders (z. B. durch den dadurch gewonnenen Überblick über formell derogierte Normen).

Eine Systematisierung der in generellen Rechtsnormen vorkommenden Verweise müßte die Erfassung des Mikrokontextes, in dem der Verweis steht, vereinfachen können[6]. Grobe Einteilungsgründe könnten folgende sein:

– Verweise innerhalb eines Dokumentes (von § x auf § y desselben Gesetzes)
– Verweise auf ein anderes Dokument
– Die Geltung betreffende Verweise (z. B. formelle Derogation, „soweit § x nichts anderes bestimmt")
– Interpretative Verweise (z. B. im Sinne des § x")

---

[6] Siehe zum ganzen Problem und insbesondere zu den Verweistypen die sehr detaillierte Untersuchung von *A. Berger*, Die Erschließung von Verweisungen bei der Gesetzesdokumentation, München/Berlin 1971.

– Verweise auf die Grundlage (z. B. von der Verordnung auf das dieser zugrunde liegende Gesetz).

4.2 Gerichtliche Entscheidungen als zitierendes Dokument

4.2.1 Besondere Bedeutung kommt hier den zitierten Gesetzesstellen zu. Die Erfassung dieser Gesetzesstellen würde es erlauben, z. B. die Interpretation der generellen Normen durch die Gerichte in Form von periodisch erscheinenden Kommentaren automatisch herzustellen. Die Aufnahme sämtlicher zitierten Rechtsnormen kann allerdings deswegen von Nachteil sein, weil es in gerichtlichen Entscheidungen oft viele zitierte Gesetzesstellen gibt, zu denen der Gerichtshof eigentlich nichts sagt (z. B. Zuständigkeitsvorschriften, auf die sich die Entscheidung stützt), die aber wegen des Formalismus in der Rechtsprechung häufig sind. Mit der Erfassung auch dieser Zitate entsteht ein großer Ballast, indem zwar nicht irrelevante, aber aussagelose Entscheidungen nachgewiesen werden. Diese Abgrenzung zwischen wesentlichen und unwesentlichen zitierten Rechtsvorschriften könnte dem manuell auswertenden Menschen überlassen werden, was aber sehr aufwendig ist, einer möglichst weitgehenden automatischen Auswertung[7] widerspricht und überdies großen individuellen Schwankungen in der Abgrenzung aufweisen wird. Für eine formale Lösung dieser Abgrenzungsfrage könnte die Häufigkeit, mit der ein Gerichtshof in einer Entscheidung eine Rechtsvorschrift zitiert, herangezogen werden. Rechtsvorschriften, zu denen der betreffende Gerichtshof Erwägungen anstellt, werden meistens mehr als einmal zitiert sein; umgekehrt werden zitierte Rechtsvorschriften, zu denen der Gerichtshof keine Aussagen macht, oft nur einmal vorkommen. Dieses Abgrenzungskriterium stützt sich auf die bisher gemachten Erfahrungen mit österreichischen Verfassungsgerichtshofentscheidungen, müßte aber durch weitergehende Experimente erhärtet werden.

Eine andere Möglichkeit der Abgrenzung könnte sich dadurch ergeben, daß Gesetzeszitate, nur wenn sie an bestimmten Stellen der Entscheidung stehen, in die Zitatendokumentation aufgenommen werden (z. B. der erste Absatz der Entscheidungsgründe oder nicht deren letzter Absatz). Allerdings müßten für jede Gerichtstype eigene Untersuchungen angestellt werden.

Was den Zusammenhang der zitierten Gesetzesstelle mit der Entscheidung betrifft, zeigen Erfahrungen mit dem allerdings sehr speziellen Bereich des österreichischen VfGH folgende immer wiederkehrenden Gruppen:

1. von den Parteien herangezogene Norm
   – von der belangten Behörde angewendete Norm
   – von der belangten Behörde zur Stützung ihrer Rechtsansicht herangezogene Norm
   – vom Beschwerdeführer als Prüfungsmaßstab herangezogene Norm
   – vom Beschwerdeführer behauptete Verfassungswidrigkeit einer Norm
2. Normprüfung durch den VfGH
   – impliziert geprüfte Norm
   – ausdrücklich geprüft und nicht aufgehoben
   – geprüft und aufgehoben
   – Anlaß für die Einleitung eines Normenprüfungsverfahrens
3. Norminterpretation des VfGH
   – historische Interpretation
   – Wortinterpretation
   – Vergleich
   – denkmögliche Normanwendung
   – willkürliche Normanwendung

[7] Siehe z. B. die Erfahrungen mit der automatischen Identifizierung von Gerichtsentscheidungen in wissenschaftlicher Literatur in *Borkowski* u. a., Structure and effectiveness of the citation identifier: an operational computer programm for automatic identification of case citations in legal literature, Law and Computer Technology, Februar 1970, S. 42 und März 1970, S. 66.

— als Prüfungsmaßstab herangezogene generelle Norm
— derogierende Norm
— außer Kraft getretene Norm.

4.2.2 Von Bedeutung sind ferner die in Entscheidungen zitierten Entscheidungen desselben und anderer Gerichtshöfe. Diese Zitate sind einmal interessant in Bezug auf das Verhältnis Unterinstanz—Oberinstanz, in Bezug auf Zusammenhänge und Divergenzen in der Judikatur der obersten Gerichtshöfe, dann aber vor allem in Bezug auf die ständige Judikatur (beziehungsweise auf das Abgehen von dieser) eines Gerichtshofes.

Diese Entscheidungszitate haben aber nicht die Bedeutung, die ihnen im anglo-amerikanischen Rechtsbereich zukommen. Besteht dort geradezu die Notwendigkeit, mit Vorentscheidungen zu argumentieren (und diese daher als Zitate aufzunehmen), so nimmt diese Rolle im kontinentalen Rechtsbereich das (viel mehr ausgestaltete) positive Recht ein. Die Entscheidungszitate fungieren eher als Abkürzungsformeln für die ständige Rechtsprechung zu bestimmten Gesetzesstellen und richten sich weniger auf ähnliche Sachverhalte (besonders bei VfGH-Entscheidungen). Es geht also mehr um die Interpretation des positiven Rechts und weniger darum, die Ähnlichkeit des Sachverhaltes eines vorliegenden Falles mit einem schon entschiedenen Sachverhalt nachzuweisen.

4.2.3 Literaturzitate in höchstgerichtlichen Entscheidungen spielen eine unterschiedlich große Rolle. Die nähere Untersuchung der Zitierfreudigkeit der einzelnen österreichischen Höchstgerichte würde in diesem Rahmen zu weit gehen. Jedenfalls kann aber angenommen werden, daß bei den Gerichtshöfen, bei denen Literaturzitate häufiger vorkommen, diese in eine Zitatendokumentation aufgenommen werden sollten. Es ergebe sich dadurch ein Bild für den Einfluß der Wissenschaft auf die Gerichtsbarkeit und würde überdies eine wichtige Ergänzung der Dokumentation von Gerichtsentscheidungen in der Literatur darstellen.

4.3 Wissenschaftliche Literatur als zitierendes Dokument

In der rechtswissenschaftlichen Literatur werden naturgemäß Rechtsvorschriften, gerichtliche Entscheidungen und andere Literatur zitiert.

4.3.1 Die Erfassung der in der Literatur zitierten Rechtsvorschriften als Gegenstand der Rechtswissenschaft ist von ähnlicher Bedeutung wie bei den gerichtlichen Entscheidungen und hat auch einen entsprechenden Anwendungsbereich. Das Problem der Trennung von wesentlichen und unwesentlichen Rechtsvorschriften innerhalb der Literatur hat allerdings keine oder eine viel geringere Bedeutung, denn ein Autor wird nicht gezwungen, aus formalen Gründen Rechtsvorschriften zu zitieren. Es bleibt aber trotzdem zu bedenken, die Häufigkeit einer zitierten Rechtsvorschrift als Indiz für deren Relevanz im Dokument heranzuziehen. Interessant können hier Versuche werden, die eine Einschränkung durch die Auswahl von bestimmten Stellen, an denen Zitate nur erfaßt werden sollen, vornehmen (z. B. im ersten Satz eines jeden Absatzes, wie dies in einigen Verfahren für das automatische Indexing geschieht).

Während das Verhältnis der Gerichtsentscheidung zur darin zitierten Rechtsvorschrift im wesentlichen als interpretierend bezeichnet werden kann (der VfGH hat hier eine Sonderstellung), ist das Verhältnis der rechtswissenschaftlichen Literatur zu den darin zitierten Rechtsvorschriften wesentlich komplizierter, d. h. die Ausführungen eines Autors zu einer Rechtsvorschrift können zu dieser in den verschiedensten Zusammenhängen stehen.

Außerdem ist zu beachten, daß allgemeine rechtswissenschaftliche Betrachtungen (allgemeine Staatslehre, Rechtstheorie, allgemeines Verwaltungsrecht usw.) über zitierte Rechtsvorschriften natürlich nicht erfaßt werden können.

4.3.2 Für die in der Literatur zitierten Entscheidungen der Gerichte gibt es für den angloamerikanischen Rechtsbereich sogar schon einen Vorschlag für eine automatische Identifikation eines solchen Zitates[8]. Für unseren Rechtsbereich ist zuerst die Frage nach der Nützlichkeit einer Erfassung solcher Zitate zu stellen.

---

[8] *Borkowski*, a.a.O.

Wird in der Literatur ein Rechtsproblem des positiven Rechts behandelt, so ist eine Auseinandersetzung des Autors mit der einschlägigen Literatur und/oder Judikatur der Normalfall. Bezieht er auch die Judikatur in seine Untersuchung ein, so wird seine Intention auf Erfassung möglichst aller einschlägiger Judikate gehen. Ebenso ist dies der Fall, wenn sich der Autor mit der Judikatur zu einem bestimmten Rechtsproblem auseinandersetzt. Der Autor kann sich aber auch nur mit einem einzigen Judikat beschäftigen (z. B. eine Glosse schreiben). Hier wird er nicht die Berücksichtigung aller einschlägigen Judikate anstreben. In allen Fällen werden aber in aller Regel in der Arbeit auch die einschlägigen Gesetzesstellen zitiert sein.

Geht man nun davon aus, daß in den Judikaten die einschlägigen Gesetzesstellen zitiert sind, weil sie ja die Grundlage für die Lösung des Rechtsproblems darstellen, so wird in einer Zitatendokumentation die Erfassung der in der Literatur zitierten Judikate entbehrlich, weil sowohl Literatur als auch Judikatur die das Problem charakterisierenden Gesetzesstellen enthalten. Man könnte dann die zu einem Rechtsproblem gesuchte Judikatur über den Umweg über die einschlägigen Gesetzesstellen nachgewiesen erhalten. Beim Aufbau einer Zitatendokumentation ist daher zu prüfen, ob die Miteinbeziehung von Entscheidungszitaten zu einer merklichen Verbesserung des Retrieval-Ergebnisses führt, was m. E. trotz der oben gemachten idealtypischen Annahmen zweifelhaft erscheint.

4.3.3 Auf dem Gebiet der in der Literatur zitierten Literatur wurden die meisten derartigen Versuche unternommen, allerdings soweit ich sehe fast ausschließlich auf dem Gebiete der Naturwissenschaften. Zitierte Abhandlungen aus den Naturwissenschaften haben im allgemeinen eine große Bezugsgenauigkeit, d. h. es werden in der Regel nur Abhandlungen zitiert, die mit dem behandelten Thema unmittelbar zusammenhängen. Die rechtswissenschaftliche Literatur unterscheidet sich aber wesentlich von naturwissenschaftlichen Arbeiten. Ob notwendigerweise in den Geisteswissenschaften und Naturwissenschaften verschiedene Methoden angewendet werden müssen, kann hier nicht untersucht werden. Tatsächlich kann aber festgestellt werden, daß sich eine rechtswissenschaftliche Arbeit von wissenschaftlichen Arbeiten z. B. auf dem Gebiet der Medizin oder der Chemie sehr unterscheidet.

Die Zusammenhänge zwischen einzelnen rechtswissenschaftlichen Arbeiten sind, da es sich grob gesprochen nicht um die Schilderung von Experimenten und deren Ergebnissen, sondern um die Schilderung und Entwicklung von Ideen handelt, nicht so augenscheinlich wie in den Naturwissenschaften, was sich auch auf die Zitierweise und die Zitierbräuche in der rechtswissenschaftlichen Literatur auswirkt. Die Aufstellung von Zitatenstammbäumen und deren Nutzbarmachung für die Dokumentation hängt aber davon ab, daß sich wissenschaftliche Arbeiten bedingen, mit anderen Worten voneinander abhängen. Wenn nun diese Zusammenhänge schwerer erkennbar sind (oder vielleicht gar nicht so notwendigerweise wie in den Naturwissenschaften gegeben sein müssen), wird darunter vor allem die Bezugsgenauigkeit leiden.

Schließlich sind in der Rechtswissenschaft die Bezugspunkte öfters zeitlich viel weiter zurückliegend als dies in den Naturwissenschaften der Fall ist; es wird wohl keinem Physiker einfallen, bei der Behandlung eines Problems der Gravität Newton zu zitieren. Anders liegt der Fall bei einer rechtswissenschaftlichen Untersuchung z. B. des Gewaltenteilungsproblems, wo man regelmäßig damit rechnen kann, daß Montesquieu oder Locke zitiert und sogar behandelt wird.

Aus diesen Überlegungen heraus scheint es mir, daß sich der große Aufwand, den eine Literaturzitatendokumentation erfordert, im Bereich der Rechtswissenschaften nicht durch einen entsprechenden Vorteil beim Retrieval gerechtfertigt werden kann. Eine endgültige Aussage darüber kann freilich erst nach einer umfassenden empirischen Untersuchung gemacht werden.

Literatur

M. Gross/A. Lentin, Introduction to Formal Grammars

With a Preface by *Noam Chomsky.* Übers. von M. *Salkoff.* Springer-Verlag, Berlin/Heidelberg/New York. 1971. Übersetzung von *M. Gross/A. Lentin:* Notions sur les Grammaires formelles. Gauthier-Villars, Paris. 1967. Deutsch als *M. Gross/A. Lentin*: Mathematische Linguistik. Eine Einführung. Mit einer Einleitung von *Noam Chomsky.* Übers. von *Peter Schreiber.* Springer-Verlag Berlin/Heidelberg/New York 1971. 286 Seiten. DM 28,–.

Im Rahmen der rechtstheoretischen Grundlagenforschung wird der Frage, welche Rolle die Sprache in der Rechtsverwendung spielt, mehr und mehr Aufmerksamkeit geschenkt. So bemüht man sich z. B. um eine tentative Theoretisierung der semantischen Relationen zwischen den Rechtsnormen (Normtexten) und den ihnen zugeordneten Sachverhalten (Beschreibungen von Situationen in der uns umgebenden Welt, auf die die Rechtsnormen zutreffen sollen), um die Eliminierung von syntaktischen, semantischen und referentiellen Ambiguitäten in Rechtsnormen, um die Etablierung eines fachsprachlichen Thesaurus, der axiomatisch aufgebaut und in einer konsistenten Wissenschaftssprache (Beschreibungs- oder Theoriesprache) notiert sein soll, um die Konstruktion einer logisch-semantischen Gramamtik, mit deren Hilfe die Struktur von Rechtsnormen eindeutig erklärt werden kann usw.

Es ist klar, daß die ansatzweisen Lösungen solcher Fragestellungen erst durch die mathematische Grundlagenforschung, die Entwicklung von logischen Formalismen zur Analyse der Umgangssprache, die Ergebnisse der strukturellen und der mathematischen Linguistik und durch die breite Diskussion wissenschaftstheoretischer Fragen ermöglicht wurde.

Erst die Entwicklung dieser Bereiche hat eine Präzisierung der Anforderungen erlaubt, die empirische Theorien erfüllen sollen. Sie hat zu einer plausiblen Trennung zwischen den vortheoretischen, heuristischen Analysen einerseits und dem Aufbau einer konsistenten Theorie andererseits geführt.

Theoriebildung und Methodenentwicklung in den Sozialwissenschaften, zu denen auch die Rechtswissenschaft zu zählen ist, stehen erst am Anfang. Die Berücksichtigung der Ergebnisse der logisch-mathematischen Grundlagenforschung, der Wissenschaftstheorie und der analytischen Philosophie bei der Behandlung rechtstheoretischer Fragen und die *fachspezifische, interessensgesteuerte Weiterentwicklung dieser Ergebnisse* wird, um ein bereits geflügeltes Wort zu zitieren, „die Aufgabe von Generationen sein" müssen.

Allmählich setzt sich die Auffassung durch, daß theorielose heuristische Forschungen unmöglich und daß, um heuristische Arbeiten mit Aussicht auf Erfolg ausführen zu können, zumindest Theorieskizzen nötig sind, in denen Objektbereich, Erkenntnisinteresse, Erklärungstyp und wissenschaftspraktisches Vorgehen angeführt werden, d. h. auch wissenschaftspragmatische Entscheidungen sollen immer mehr einer intersubjektiven Kontrolle unterworfen werden. Die noch manchmal tradierte Formel vom Gegenatz zwischen Theorie und Empirie, hier esoterische Theoretiker, da „harte" Empiriker, hier „grüner" Tisch, da Praxis und Leben (was immer das heißen mag), scheint mehr und mehr zu einem historischen Schnörkel zu verkümmern.

Wenn im Rahmen einer rechtstheoretischen Fragestellung Syntax und Semantik der juristischen Fachsprache unter den oben skizzierten Erkenntnisinteressen untersucht werden sollen, so liegt es nahe, zunächst die formalen Grammatikmodelle der theoretischen Linguistik heranzuziehen und zu überprüfen, ob sie vernünftige Erklärungen in bezug auf den gewählten Objektbereich liefern können. Ist dies nicht der Fall, (was meist sehr schnell festgestellt werden kann), dann ist weiter zu fragen, ob die formalen Grammatikmodelle auf konsistente Weise so erweitert werden können, daß es der Fall ist, oder vorsichtiger ausgedrückt, der Fall sein kann. An diesem Punkt hat die zur Erweiterung, Umstrukturierung oder Neu-Formierung einer bestehenden Theorie notwendige heuristische Arbeit anzusetzen.

Offensichtlich ist die Entscheidung darüber, ob eine gewählte linguistische Theorie ein Modell im juristischen Anwendungsbereich hat, nicht nur eine für Juristen, sondern auch für den theoretischen Linguisten zentrale Frage, da sich die Lösung praktischer Aufgaben als guter Test für die empirische Leistungsfähigkeit dieser Theorie relativ zum gewählten Anwendungsbereich erweisen kann.

Unter diesen Voraussetzungen bietet sich als erste Informationsbasis für den rechtstheoretisch interessierten Juristen das Buch von *M. Gross/A. Lentin, Mathematische Linguistik. Eine Einführung* an. Aus noch zu spezifizierenden Gründen ist es ratsam die deutsche Ausgabe (zur frz. und engl. Ausgabe cf. den Titel dieses Beitrags) zu verwenden. Das Buch ist als Einführung für Sprachwissenschaftler, Mathematiker, Informatiker und Fachwissenschaftler gedacht, die sich mit der Verarbeitung sprachlicher Information (oder Vorarbeiten dazu) beschäftigen. Für den Mathematiker bereitet die Lektüre keine Schwierigkeiten, für den Nichtmathematiker ist der deutschen Ausgabe ein Abschnitt *Mathematische Grundbegriffe* vorangestellt, in dem einige wichtige Begriffe der modernen Mathematik definiert werden. Dieser Abschnitt ist allerdngs sehr knapp gehalten. In den mesten Fällen empfiehlt es sich, die entsprechenden Artikel des Fischer Lexikons *Mathematik 1,2,* das Fischer Funkkolleg *Mathematik 1,2* und die dort angegebene Literatur zu konsultieren. Neben diesem Abschnitt enthält die deutsche Fassung ein ausführliches Personen- und Sachverzeichnis, was die Arbeit mit diesem Buch erheblich erleichtert. Beide Teile fehlen in der frz. und in der engl. Ausgabe.

Das Buch enthält die drei Teile *Logisch-algebraische Vorbemerkungen, Einige wichtige Klassen von Sprachen, Die algebraische Betrachtungsweise* und einen Anhang *Transformationelle Grammatiken.*

Der erste Teil enthält neben einer kurzen Darstellung der Naiven Mengenlehre, die Einführung des freien Monoids, der Wortkalküle (Thue-Relationen), der Sprachen (z. B. *Dycksprachen*) und der Operationen, die mit Sprachen ausgeführt werden können (Vereinigung, Durchschnitt usw.). Daran schließt sich ein Abschnitt über kombinatorische Systeme an, in dem Produktionen (Substitutionsregeln) und *Thue-Systeme* beschrieben werden. Es wird weiter gezeigt, wie mit Hilfe eines geeigneten Vokabulars, eines Hilfsalphabets, eines Axioms *S* und spezifischer Semi-Thue-Produktionen eine formale Grammatik aufgebaut werden kann, die eine Satzmenge bzw. eine Sprache erzeugt, deren Elemente (Ketten bzw. Sätze) umgangssprachlichen Äußerungen entsprechen. Jeder dieser Ableitungen, die zu einer terminalen Kette führt, kann ein Strukturdiagramm zugeordnet werden.

Die daran anschließenden Abschnitte beschreiben Aufbau und Funktionsweise von Algorithmen, wobei nachgewiesen wird, daß formale Grammatiken als Algorithmen aufzufassen sind, d. h. als „eine Menge von Regeln, die es erlauben, eine Sprache zu charakterisieren" (p. 44).

Der erste Teil des Buches wird durch die umgangssprachliche und formale Beschreibung der *Turingmaschine,* ihres Aufbaus, sowie ihrer Leistungsfähigkeit, durch die Explikation von *Berechenbarkeit* und *Entscheidbarkeit,* damit verwandter Begriffe bzw. Verfahren und durch den Nachweis der Äquivalenz zwischen Turingmaschinen und formalen Systemen abgeschlossen.

Der zweite Teil beschäftigt sich zunächst mit der Frage der Zuordnung von Turingmaschinen und Grammatiken und von *aufzählenden Algorithmen* und *Erkennungsalgorithmen.* Weiter wird gezeigt, wie man die syntaktische Struktur (Phrasenstruktur) von Äußerungen bequem durch etikettierte Klammern oder durch (den etikettierten Klammern äquivalente) Baumdiagramme mit etikettierten Knoten darstellen kann. Damit ist der Zusammenhang zwischen heuristischer Untersuchung (Klammerung) und formaler Grammatik (Ableitung, die ein Baumdiagramm ergibt, das spezifischen theoretischen Bedingungen genügen muß) hergestellt.

Die weiteren Kapitel beschäftigen sich u. a. mit der Definition von kontextfreien Grammatiken (*CF-Grammatiken*), der Klassifikation der Regeltypen der CF-Grammatiken, mit leeren, nicht-leeren, endlichen und unendlichen kontextfreien Sprachen (*CF-Sprachen*), der Entscheidbarkeit in bezug auf CF-Gramamtiken und der Operationen, die mit CF-Sprachen ausgeführt werden können.

Dem Abschnitt *Unentscheidbare Eigenschaften der CF-Grammatiken* kommt besondere theoretische und praktische Bedeutung zu, da gezeigt werden kann, daß das Problem der Mehrdeutigkeit von CF-Sprachen unentscheidbar ist. Analog dem Nachweis im ersten Teil, daß die allgemeinste Klasse kombinatorischer Systeme zur Klasse der Turingmaschinen äquivalent ist, wird im zweiten Teil nachgewiesen, daß es eine Klasse spezifischer Automaten für CF-Sprachen, nämlich die sogenannten *Push-down-Automaten,* gibt und daß daher die Klasse der von Push-down-Automaten akzeptierten Sprachen identisch mit der Klasse der CF-Sprachen ist.

CF-Sprachen haben, aufgrund ihrer formalen Eigenschaften, eine Reihe interessanter Anwendungsbereiche; sie werden in der Linguistik (Konstituentenanalyse), in der automatischen Sprachübersetzung und zur Beschreibung von Programmiersprachen (ALGOL, FORTRAN) verwendet.

Für die theoretische Behandlung der oben skizzierten rechtstheoretischen Fragen und die Auswahl einer oder mehrerer dazu als geeignet erscheinender Grammatiken ist auch wichtig, daß die Frage der Äquivalenz zweier Grammatiken unentscheidbar ist, d. h. es gibt kein allgemeines, automatisches Verfahren, „das es erlaubt, bei zwei vorgegebenen Grammatiken zu sagen, ob sie beide die gleiche Sprache erzeugen oder nicht" (p. 141).

Im Anschluß an die CF-Grammatiken und die CF-Sprachen werden spezielle CF-Sprachen, die sogenannten K-Sprachen (*finite-state-Sprachen*) definiert. Es wird gezeigt, daß die endlichen Sprachen K-Sprachen sind und daß die K-Grammatiken, wie die CF-Grammatiken, Baumstrukturen aufzählen. Den K-Grammatiken kann wiederum eine Klasse spezieller Automaten, die *endlichen Automaten*, zugeordnet werden; daher werden im Anschluß an die K-Sprachen die Klassen der endlichen Automaten beschrieben, d. h. ihre Funktionsweise und ihre Darstellbarkeit durch Graphen.

Nach dem Nachweis, daß Sprachen durch Gleichungssysteme definiert werden können, werden aufgrund empirischer, d. h. linguistischer Motivationen kontextsensitive Grammatiken (*CS-Grammatiken*) und linear beschränkte Automaten (*LB-Automaten*) eingeführt: „Betrachten wir eine einfache nach dem folgenden Schema konstruierte Phrase: NP_1 V NP_2 (Nominalphrase Subjekt, Verb, Nominalphrase Objekt). Wenn NP_1 und NP_2 zu einer besonderen Klasse von Namen, etwa von Lebewesen oder von abstrakten Begriffen usw. gehören, so ist die Klasse der Verben, die man zwischen NP_1 und NP_2 vorfindet, durch diesen Kontext eingeschränkt. Ähnliche Situationen sind reichlich in natürlichen und künstlichen Sprachen vorhanden.

Daher ist man interessiert, diese Situationen ... zu formalisieren" (p. 177).

Aufgrund der Definition der kontextsensitiven Grammatiken ergibt sich, daß auch die CF-Sprachen zu dieser Klasse von Grammatiken gehören: Die in CF-Grammatiken verwendeten syntaktischen Regeln enthalten leere Kontexte.

Man kann weiter beweisen, daß die Klasse der Sprachen, die durch CS-Grammatiken erzeugt werden, zur Klasse der Sprachen äquivalent ist, die von nicht-deterministischen LB-Automaten akzeptiert werden.

Die Darstellung der Eigenschaften der CS-Sprachen und eine hierarchische Klassifikation der Automaten aufgrund „des zu einer Berechnung nötigen Speichervolumens" (p. 184) in Turingmaschinen, LB-Automaten und endliche Automaten schließen den zweiten Teil ab.

Der dritte Teil des Buches bringt zunächst die Einführung einiger Begriff der Algebra wie Monoid, neutrales Element, natürlicher Homomorphismus, eine mathematische Definition der Kodierung, eine Reihe von Ergänzungen und Beweisen zu K-Sprachen und CF-Sprachen und einen für Nicht-Mathematiker ziemlich schwierigen Abschnitt über algebraische Sprachen.

Für die praktische Arbeit an der Etablierung einer Theorie der natürlichen Sprache genügt zunächst die gründliche Lektüre der ersten beiden Teile und die Lösung der vielen Übungsaufgaben, die auf jedes Kapitel folgen. Leider enthält auch die sonst sehr gut gestaltete deutsche Ausgabe keine Lösungen, was die Verwendbarkeit des Buches für Zwecke des Selbststudiums erheblich einschränkt.

Im Anhang wird versucht nachzuweisen, welche Bedeutung die formalen Grammatiken als Instrument für eine vollständige Beschreibung der natürlichen Sprache oder eines Teils der natürlichen Sprache besitzen. Es wird zunächst dargelegt, daß die Möglichkeit der erfolgreichen Anwendung von EDV-Anlagen im Bereich der natürlichen Sprachen die „Konstruktion sehr vollständiger formalisierter Grammatiken" voraussetzt (p. 264).

Die empirischen Untersuchungen an natürlichen Sprachen zeigen aber, daß die in den Teilen I, II und III beschriebenen Kalküle nur in unzureichendem Maße interpretiert werden können, da die untersuchten Systeme „nicht genügend spezialisiert sind" (p. 264). Der Mangel der Interpretierbarkeit soll durch eine Beschreibungstechnik kompensiert werden, die als *Transformationelle Analyse* bekannt geworden ist: „Die Grundidee dieser Analyse besteht darin, daß der Satz einer natürlichen Sprache in Begriffen einfacher Sätze (in der Literatur oft Kernsätze [*Kernel-sentences*] genannt) und mit Operationen, die diese einfachen Sätze verbinden, den Transformationen, beschrieben werden kann. Die Kernsätze ihrerseits sind zerlegbar in Ausdrücke einfacherer Elemente, in Worte oder besser Wurzeln und Endungen.

Tatsächlich sind die Atome dieser Beschreibung noch abstraktere Elemente, die so definiert sind, daß man kompakte und regelmäßige Beschreibungen erhält, und zwar mit einem Minimum solcher Atome.

Es ist bemerkenswert, daß diese Art wissenschaftlicher Betätigung nichts anderes ist als das traditionelle Vorgehen bei der Beschreibung einer physikalischen Erscheinung. Eine ähnliche Methode wurde universell von den rationalistischen Grammatikern des 17. und 18. Jahrhunderts angewendet. Aber sie wurde zweihundert Jahre lang nicht anerkannt. In dieser Zeit wurde sie heftig mit recht zweifelhaften Argumenten kritisiert." (p. 264)

Im Anschluß daran werden CF-Grammatiken und Transformationen beschrieben. Der neue transformationelle Grammatiktyp setzt sich aus einer CF-Grammatik zusammen, die sogenannte *Kernsätze* erzeugt und aus *Transformationen*, „die über Strukturen definiert sind, die entweder Kernsätze sind oder die ihrerseits durch Transformationen entstanden sind" (p. 266). Grammatiken dieses Typs seien mit dem Namen *GT-Grammatiken* benannt.

Für die Einführung von GT-Grammatiken sprechen vor allem wissenschaftstheoretische Gründe, nämlich die der empirischen Signifikanz und der deskriptiven Adäquatheit:

„Der einzige Vorteil, den die Anwendung der CF-Grammatiken für die linguistische Beschreibung bietet, ist die Leichtigkeit, mit der sie erlauben, Programme für eine syntaktische Analyse mittels einer elektronischen Rechenmaschine herzustellen, aber die eingeschränkte Form der Regeln hat zur Folge, daß die linguistischen Analysen in Ausdrücken von CF-Bäumen ohne theoretisches Interesse sind, und das praktische Interesse würde nur klar, wenn es möglich wäre, solche Beschreibungen für eine natürliche Sprache zu verwirklichen, und das ist längst nicht der Fall.

Selbst wenn diese Beschreibungen tatsächlich verwirklicht wären, gibt es allen Anlaß, anzunehmen, daß die Ergebnisse der Analyse eine solche Form hätten, daß sie unbrauchbar wären, denn zahlreiche interessante Informationen sind in vielen Fällen sehr schwierig in einem CF-Baum darzustellen." (p. 271)

Die Etablierung von GT-Grammatiken stößt auf erhebliche Schwierigkeiten: „Gewisse Probleme, die mit dem Begriff der Transformation selbst verbunden sind, sind noch nicht gut gelöst; diese Probleme werden offensichtlich, wenn man eine Transformation detailliert bestimmt als eine Funktion, die auf CF-Bäumen definiert ist und deren Wertebereich eine Menge von Bäumen ist. Beim augenblicklichen Stand der Dinge ist der Begriff der Transformation noch viel zu komplex, als daß man hoffen könnte, ihn einer detaillierten mathematischen Analyse zu unterwerfen." (p. 274)

Die Entwicklung von empirisch befriedigenden und theoretisch konsistenten GT-Grammatiken bedarf einer Reihe von empirischen Untersuchungen über die Zulässigkeit bestimmter Wortfolgen in den verschiedenen natürlichen Sprachen und die Konstruktion formaler Modelle, die es erlauben, die heuristischen Ergebnisse abzubilden.

Bei der Lektüre des Buches muß man bedenken, daß das frz. Original bereits 1967 erschienen ist und daher notwendig einen damals (von wenigen Forschern) erreichten Forschungsstand repräsentiert. Zwar waren bereits 1967 viele relevante Eigenschaften von CF-, K- und CS-Grammatiken bekannt und bewiesen, über die formalen Eigenschaften von GT-Grammatiken und über ihre Interpretierbarkeit, d. h. ihre empirische Leistungsfähigkeit, wußte man dagegen sehr wenig. Bis etwa 1967 war die Forschung innerhalb der theoretischen Linguistik dadurch bestimmt, daß sie satzgrammatisch orientiert war und die semantischen Eigenschaften natürlicher Sprachen bzw. Teilsprachen oder Fachsprachen nur unzureichend, wenn überhaupt, berücksichtigen konnte.

Die in *Gross-Lentin* 1967 präsentierten GT-Fragmente von *Chomsky* und *Harris* wurden durch *Seuren*, *Fillmore*, *Brekle* und die Schule der GENERATIVEN SEMANTIK entscheidend verändert. Man kann sagen, daß die nach 1967 erfolgende Konzentration der linguistischen Forschung auf das Problem der empirischen Adäquatheit, d. h. auf eher heuristisch orientierte Untersuchungen und die Diskussion von objektsprachlichen Einzelbeispielen zu einer weitgehenden Vernachlässigung des formalen Aufbaus konsistenter Theorien geführt hat.

Ein zweiter entscheidender Einschnitt in die linguistische Forschung wurde durch die, ebenfalls empirisch motivierte, Einsicht markiert, daß innerhalb des Satzrahmens Probleme auftauchen, die nur dann befriedigend gelöst werden können, wenn man Vorgänger- und Nachfolgersätze mitberücksichtigt. Dies hat zur Etablierung von verschiedenen Typen von *Textgrammatiken* geführt, die nicht mehr nur elementare objektsprachliche Äußerungen, die mithilfe des Konstrukts *Satz* beschrieben werden können, als Explikanda der Theorie betrachten, sondern objektsprachliche Äußerungen, die durch das Konstrukt *Text* beschrieben werden können.

Im Rahmen der Zusammenarbeit zwischen Juristen und Linguisten hat sich im Laufe der letzten Jahre herausgestellt, daß für die eingangs dargestellten rechtstheoretischen Interessen nur die Arbeit mit Textgrammatiken aussichtsreich ist. Welcher Typ von Textgrammatiken dafür in Frage kommt, wird die Forschung der nächsten Jahre zeigen. Sicherlich bedarf es aber zum Verständnis der neueren Ansätze eines fundierten Wissens um die Leistungsfähigkeit der CF-, K-, CS- und GT-Grammatiken, da Textgrammatiken vielfach mit analogen Regeltypen arbeiten und mehrere Grammatiktypen integrieren, je nachdem, welche Probleme mit welchem Grammatiktyp vernünftig und im empirischen Sinne befriedigend zu lösen sind.

Das bedeutet, daß es in keinem Stadium der Forschungsentwicklung überflüssig ist, sich mit der Arbeit von *Gross* und *Lentin* auseinanderzusetzen, da sie gut bewiesene und allgemein akzeptierte Aussagen über formale Grammatiken enthält. Jeder, der an der Theorie einer natürlichen Sprache oder einer spezifischen Fachsprache arbeitet, muß, egal, welches Erkenntnisinteresse er damit verbindet, „die abstrakten und die empirischen Untersuchungen zugleich ausführen" (p. 277).

Hannes Rieser

Leo Reisinger, Automatisierte Normanalyse und Normanwendung

Arbeitspapiere Rechtsinformatik, Heft 7, J. Schweitzer Verlag, Berlin 1972. 127 S. DM 32,–

Das Heft stellt sich die Aufgabe, Juristen über die wissenschaftlichen Grundlagen der automatischen Normanalyse (ANL) und Normanwendung (ANA), den heutigen Stand dieser Bemühungen zu informieren und die Möglichkeiten der Lösung dieser auch praktisch wichtigen Problematik zu erörtern. Diese Aufgabe wird in klarer und sehr instruktiver Weise erfüllt.

Ich möchte in meiner Rezension dieser Arbeit nicht nur versuchen, über den Inhalt des Heftes zu referieren, sondern mir gestatten, auch einige Hinweise zur Weiterführung der Arbeiten an diesen Aufgaben hinzuzufügen.

Reisinger unterscheidet zwei Bereiche der Rechtsinformatik: die juristische Dokumentation und die automatisierte Normanalyse und Normanwendung. Im Grunde mit Recht, wenn auch zwischen beiden innere Beziehungen bestehen. Die Datenbank ist nämlich für eine Abfrage da, sie sollte daher der Normanalyse entsprechend organisiert sein und die gestellten Fragen fordern entweder nur Sedes-materiae-Angaben oder auch Rechtsfolgeinformation für tatsächliche oder mögliche Rechtsfälle, was der Normanwendungsleistung sehr nahe kommt[1]. Es sollten meines Erachtens auch andere Möglichkeiten nicht außer acht gelassen werden: die Möglichkeit der Anwendung bei legislativen Analysen und die Herausbildung von für das Rechtsleben wichtigen Hilfsinstitutionen (ich verweise auf zwei Prager Projekte: Bestimmung der Alimentationsraten, Wohnungstauschvermittlung).

Reisinger geht mit Recht von der Auffassung aus, daß die Aufgaben der Rechtsinformatik von der sprachtheoretischen und logischen Fundierung abhängig sind. Er informiert daher in sehr belehrender und auch für den auf diesen Gebieten nicht geschulten Juristen leicht verständlicher Weise über die strukturale Linguistik, die moderne kalkülisierte Logik und deren jungen Zweig, die Normenlogik. Besonders zu loben ist es, daß der Autor sehr vorsichtige und meiner Ansicht nach vernünftige Schlußfolgerungen über die aus den dargestellten Grundlagendisziplinen der Rechtsinformatik fließenden Möglichkeiten für die ANL und ANA mittels EDV zieht.

Nach der Diskussion einiger Grundbegriffe im 1. Abschnitt befaßt sich *Reisinger* im 2. mit der strukturalen Linguistik (SL) vom Strukturalismus über Finite State Grammar, Phrase Structure Grammar und Transformationsgrammatik (TG) bis zur generativen Grammatik. Er weist auf die Schwierigkeiten hin, welche im Bereich der computergerechten semantischen Analyse bestehen. Die Bedeutung dieser Untersuchung für die ANL faßt der Autor zusammen:

„Da die ANL ein schriftliches Textcorpus zum Analyseobjekt hat, ist ein Teil der Forschungsergebnisse der SL (vor allem die Phonologie) für die ANL ohne besonderes Interesse. Wichtig ist hingegen die syntaktische Analyse von Sätzen mit Hilfe der TG. Hier sind in absehbarer Zeit zumindest für ein beschränktes Corpus konkrete Ergebnisse zu erwarten. Erschwerend wirkt sich jedoch aus, daß die TG für eine bestimmte Sprache erstellt wird und daher nicht unverändert auf eine andere Sprache übertragen werden kann. Dies gilt insbesondere für die Übertragung aus dem Englischen ins Deutsche.

Was die semantische Analyse betrifft, so sind grundlegende Probleme noch ungelöst. In Teilbereichen, wie der Tiefenstruktur von Sätzen, konnten jedoch in den letzten Jahren wichtige Erfolge erzielt werden."

Die Darstellung der formallogischen Basis im 3. Abschnitt der Arbeit zerfällt in 2 Teile: im ersten wird die Aussagenlogik, die Klassenlogik und die Prädikatenlogik konzis dargelegt[2], im zweiten die Normenlogik. *Reisingers* Ausführungen sind trotz der relativen Kürze sehr informativ. Seinen Versuch, die Rechtsnormimplikation (den Bedingungssollsatz) durch eine Wertetafel mittels der zwei Wertpaare (wahr – unwahr) (gesollt – nicht gesollt) zu bestimmen (S. 75), sieht er selbst als mit Schwierigkeiten verbunden an. Wegen der grundsätzlichen Frage der Anwendbarkeit der Matrizenmethode für die Normenlogik wäre eine breitere Problemanalyse nützlich. Sie müßte jedenfalls die Probleme der Sollsatznegation und die Ungültigkeit des Prinzips des ausgeschlossenen Dritten in bezug auf komplementäre Sollsätze „!A" und „$\neg$ A" in Rechnung ziehen. In der dargestellten Form gibt die Tafel keine Funktion an.

Reisinger sieht die Vorteile des logisch-konstruktiven Zutritts zur formalen Grundlegung der Rechtsinformatik gegenüber dem linguistischen Zutritt, der durch das ungelöste Pro-

[1] Ich weise hier auf diese Beziehungen deswegen hin, weil gerade bei den Arbeiten im Bereich der juristischen Dokumentation das Problem der Normstrukturtheorie oft nicht genügend beachtet wird, obwohl es über die Abfragetheorie auch hier voll relevant wird.

[2] Nicht exakt ist die Darlegung der *Venn*schen Diagramme (S. 65) und die graphische Darstellung der Teilklassenrelation (S. 69).

blem der formalisierten Semantik und der tiefgreifenden Divergenzen der natürlichen Sprachsysteme erschwert ist.

„Rechtsnormsätze bestehen jedoch aus Aussagesätzen (Tatbestand) und Normsätzen (normative Rechtsfolge). Nach der Mehrzahl der deontischen Logiker ist die deskriptive Logik nicht imstande, Normsätze adäquat zu erfassen. Die bisher entwickelten Modelle der deontischen Logik haben noch nicht jenen Grad der Ausgereiftheit erreicht, den ein allgemeiner Einsatz dieser Modelle in der ANLA erfordert.

Die automatische Transformation der Rechtsnormsätze in logische Ausdrücke ist wegen der Unexaktheit und Mehrdeutigkeit der menschlichen Sprache in absehbarer Zeit noch nicht zu erwarten. Ein wichtiger Schritt dazu wäre die Normierung der Gesetzessprache im Sinne einer eindeutigen Zuordnung von Wort und Bedeutung."

Im 4. und letzten Abschnitt befaßt sich der Autor mit der automatisierten Normanwendung (ANA). Den Begriff der Subsumtion definiert er so, daß darunter sowohl die Subsumtion (im üblichen Sinne) des Sachverhalts unter einen bestimmten Tatbestand fällt, als auch die Zuordnung der konkreten Rechtsfolge (K-Rechtsfolge) zur durch die Rechtsordnung generell festgesetzten Rechtsfolge (N-Rechtsfolge) gehört. – Die generelle Rechtsfolge nennt er normative Rechtsfolge[3]. Die Subsumtion (im *Reisinger*schen Sinn) wird als funktionale Zuordnung (Abbildung) Sachverhalt – Tatbestand und N-Rechtsfolge – K-Rechtsfolge expliziert, wobei die dritte Zuordnung Tatbestand – N-Rechtsfolge durch die Rechtsnorm (in meiner Sprechweise „Rechtsregel") realisiert wird. Dies halte ich für ein gut explizierendes Schema (S. 93).

Es müßten natürlich noch wesentliche Momente einer weitergehenden Analyse unterworfen werden, insbesondere die Unterscheidung von automatischer K-Rechtsfolge und inhaltlicher Bestimmung des zu setzenden Rechtsaktes, die wertende Subsumtion u. a. Es ist auch sehr interessant, daß oft implizite Regeln des komparativen Ermessens (welches sonst als „frei" gilt) aus dem Rechtssystem herausgelesen werden können, die sozusagen aus dem Text folgen (gegebenenfalls unter Heranziehung unstrittiger sachlicher Prämissen), obwohl sie nicht explizit ausgedrückt sind[4].

Der Autor führt dann als sozusagen mathematisches Instrument Tatbestandsvektoren[5] und Rechtsfolgenvektoren ein. Ich glaube aber, daß seine Methode der Erkenntnis der Tatbestandserfüllung auf Grund von Wahrscheinlichkeiten des Bestehens der Merkmale als Bestandteile des Tatbestands aus juristischen Gründen nur selten applikabel sein wird. Hier scheinen mir die gnoseologische Situation und die Grundlagen der Gewißheit oder Plausibilität der Feststellung viel komplizierter zu sein.

Mit Recht kritisiert der Autor die *Steinmüller*sche Unterscheidung von Konditional- und Finalnormen und hält die Finalnormen für einen besonderen Fall von Rechtsnormen (S. 106 f.). (Die Aufgabe, eine präzise Charakteristik finaler Norminhalte zu geben, bleibt aber noch offen.)

Sein Subsumtionsmodell stellt der Autor in einem Flußdiagramm dar. Es erscheint mir jedoch nicht notwendig, mit der Eingabe der vermuteten Tatbestände zu arbeiten, wenn auch vielleicht sonst die Arbeit des Computers aufwendiger und schwierig wird. Wenn der Körper der Rechsregeln, in Tatbestandsvektoren analysiert, im Speicher des Computers gelagert ist, dann wird es möglich sein, die relevanten Tatbestände und die dazugehörigen Rechtsnormen maschinell bestimmen zu lassen.

---

[3] Diese Terminologie erscheint mir nicht zweckgerecht: Für das logische Erfassen der Rechtsdynamik ist es wesentlich, den allgemeinen Begriff der Rechtsnormen so zu bestimmen, daß er sowohl generelle (abstrakte) Rechtsregeln als auch individuelle Normen umfaßt. Nicht nur die N-Rechtsfolge, sondern ebenso die K-Rechtsfolge ist normativ.

[4] Vgl. S. 94 und *O. Weinberger*, Zum Problem der Anwendung kybernetischer Methoden, Právník 1962; ders., Mathematical Methods of Determining Alimony for Minors, Bulletin CSAV „Cybernetics and Law", 1968, S. 250–255.

[5] Schon bei *V. Knapp* zu finden, doch ist *Reisingers* Analyse viel ausgereifter, da er die logischen Bindungen zwischen den Tatbestandsmerkmalen in Rechnung zieht.

Als Beispiel einer ANA untersucht *Reisinger* dann den Verbrechensbegriff und die Sittlichkeitsdelikte nach österreichischem Strafrecht.

Nach *Reisingers* Meinung, die ich teile, liegt die Bedeutung seines Subsumtionsmodells darin, daß er von der Zerlegung der Rechtsregeln in Tatbestand und N-Rechtsfolge ausgeht, was dem Gedankengang des urteilenden Juristen entspricht und daher sicherlich Anwendungsmöglichkeiten in sich birgt. Ota Weinberger

Reimar Köhler, Der urheberrechtliche Schutz der Rechenprogramme

Urheberrechtliche Abhandlungen des Max-Planck-Instituts für ausländisches und internationales Patent-, Urheber- und Wettbewerbsrecht, München. Heft 8. Verlag C. H. Beck, München 1968. 100 S. DM 17,50

Die Beantwortung der Frage nach dem urheberrechtlichen Schutz für Rechenprogramme und deren Vorstufen, (Systemanalyse, Datenflußplan, Programmablaufplan) hängt zunächst davon ab, wie weit überhaupt wissenschaftliche Werke durch das Urheberrecht geschützt werden. Wer mit *Troller*[1] nur ästhetische Werke für geschützt hält, muß einen Schutz ablehnen. Denn diese Ansicht verlangt eine künstlerische oder literarische Gestaltung, die den Schönheitssinn des Menschen anspricht. Von solchem Ausgangspunkt her verneint z. B. *Sidler*[2] einen Urheberschutz für Programme und ihre Vorstufen. In Deutschland besteht demgegenüber Einigkeit in Rechtsprechung und Lehre, daß der Urheberrechtsschutz nicht nur am äußeren Erscheinungsbild, sondern auch an der inhaltlichen Qualifikation eines Werkes anzuknüpfen hat[3]. Eine in Kürze und Prägnanz unübertroffene Darstellung und Begründung dieser Ansicht speziell im Hinblick auf wissenschaftliche Werke findet sich bei *Ulmer*[4]. Bei ihrer Zugrundelegung stellen die zur Steuerung einer Rechenmaschine bestimmten Programme allerdings eine grundsätzlich neue Frage[5]: „Verlangt der urheberrechtliche Sprachbegriff, daß sich das Werk in erster Linie an einen Menschen wenden muß, oder genügt es, wenn es sich wenigstens auch an den Menschen wendet und von ihm verstanden werden kann?[6]" *Köhler* meint[7], bei Berücksichtigung der technischen Entwicklung verlange der Zweck des Gesetzes eine weite Auslegung des urheberrechtlichen Sprachbegriffs. Der Gedanke eines möglichst umfassenden Schutzes geistiger Arbeit komme unter anderem darin zum Ausdruck, daß der Gesetzgeber den Kreis der urheberrechtlich geschützten Werke nicht abschließend habe regeln wollen, so daß auch neue Werkarten, soweit sie dem Bereich von Literatur, Wissenschaft oder Kunst entstammen, Urheberschutz genießen könnten. Auch der Hervorhebung der wissenschaftlichen Werke im Vergleich zu ihrer bisherigen Stellung werde man nur gerecht, wenn man das spezifisch wissenschaftlich-technische Ausdrucksmittel nicht allein am Sprachbegriff der schöngeistigen Literatur messe. Im übrigen werde ein Programm tatsächlich mehrfach gelesen, weil es gründlich auf Fehler getestet, korrigiert und bei Auftreten neuer Umstände geändert werden müsse. In dieser grundsätzlichen Frage wird eine entgegengesetzte Auffassung nur von *H.* und *O. Axster* vertreten[8], die sich dabei aber zu Unrecht auf die Einheitsfahrschein-Entscheidung des BGH[9] beziehen[10].

---

[1] Vgl. z. B. Immaterialgüterrecht, 2. Auflage, Band 1, Basel und Stuttgart 1959, S. 375 ff. und Schweizerische Juristenzeitung 1964, S. 369 ff.

[2] *Peter Sidler*, Der Schutz von Computerprogrammen im Urheber- und Wettbewerbsrecht, Studien zum Immaterialgüterrecht, Vol. 7, Basel 1968, S. 9—40.

[3] So z. B. *Möhring* in der Besprechung der Werke von *Sidler* (Note 2) und *Köhler*, UFITA 1970, S. 381 (382).

[4] *Eugen Ulmer*, Der Urheberschutz wissenschaftlicher Werke unter besonderer Berücksichtigung der Programme elektronischer Rechenanlagen, Bayerische Akademie der Wissenschaften, Philosophisch-historische Klasse, Sitzungsberichte Jahrgang 1967, Heft 1, München 1967, S. 1 (14—16).

[5] *Ulmer* (Note 4), S. 12 f.

[6] So *Köhler*, S. 72.

[7] *Köhler*, S. 74 f.

[8] *Herbert* und *Oliver Axster*, Die Urheberrechtsschutzfähigkeit von Rechenprogrammen, BB 1967, 606 (609—611).

[9] BGH, Entscheidung vom 25. 11. 1958, GRUR 1959, S. 251.

[10] Dagegen *Skaupy*, Zur Schutzfähigkeit von elektronischen Rechenprogrammen, BB 1967, S. 945 f.

Da einige Autoren zu dem Problem nicht ausdrücklich Stellung nehmen, überrascht bei dem gemeinsamen Ausgangspunkt die Zahl der Untersuchungen zum urheberrechtlichen Schutz der Rechenprogramme und ihrer Vorstufen ebenso wie die Unterschiedlichkeit der Ergebnisse[11]. Die Erklärung mag in der Verwendung unterschiedlicher Begriff für die einzelnen Entwicklungsstufen[12], mangelnder Detailkenntnis der Juristen von den tatsächlichen Gegebenheiten der Programmerstellung[13] sowie darin liegen, daß generelle Beurteilungen nur auf jeweils einzelne Arten der Programmentwicklung zutreffen. Es ist daher zu begrüßen, daß *Köhler* in seiner Monographie, der umfangreichsten und gründlichsten Behandlung des Themas, das erste Kapitel[14] den Grundbegriffen zur Programmierung elektronischer Datenverarbeitungsanlagen widmet. Hier findet sich eine kurzgefaßte Darstellung der Programmerstellung, die übliche Methoden ebenso berücksichtigt wie die DIN-Normen für Datenfluß- und Programmablaufplan.

Im zweiten Kapitel[15] untersucht *Köhler* die Interessenlage auf dem Gebiet der Programmierung. Die Darstellung der Interessen der beteiligten Gruppen[16] dürfte dabei in Einzelfällen überzeichnet sein. So begegnet es Zweifeln, wenn (im Hinblick auf das Interesse von Servicebüros und Kunden an einer gewerblichen Verwertung der Programme zum Ausgleich der Investitionen für deren Entwicklung) gesagt wird[17], die gewerbliche Verwertung werde „durch den absoluten Schutz, den ein Urheberrecht gibt, erleichtert, wenn nicht sogar überhaupt erst ermöglicht". Ebenso erscheint es fraglich, daß der Programmierer selbst ein materielles Interesse am Urheberschutz seines Programms haben soll, weil sich dadurch seine Stellung im Unternehmen verbessern werde. Der hier gezogene Vergleich mit der Situation auf dem Gebiet des Arbeitnehmererfindungsrechts in den USA dürfte nicht tragfähig sein. Ein öffentliches Interesse an einem Urheberrechtsschutz für Programme bejaht *Köhler*[18] unter anderem deswegen, weil der bisher ausgenutzte Rechtsschutz für eine gewerbliche Verwertung ungenügend sei. Deshalb seien Programme in den engen Grenzen eines vertraglichen Verbots, sie an Dritte weiterzugeben, nur einem kleinen Kreis von Benutzern zugänglich gemacht oder überhaupt geheimgehalten worden. Das habe häufig zu Parallelentwicklungen auf gleichen Gebieten geführt. Mangels ausreichender Belohnung seien Programme nicht geschrieben worden, andererseits habe man Programme, die auf einem Gebiet einen großen Fortschritt mit sich brachten, nicht der Allgemeinheit bekannt gemacht. *Köhler* übernimmt insoweit ohne nähere Diskussion die für die Situation in den USA getroffenen Feststellungen anderer Autoren[19]. Wenn diese wirklich in der dargestellten Form auch für die Bundesrepublik zutreffen sollten, so ergeben sich meines Erachtens einige Hinweise darauf, daß ein mangelnder Urheberrechtsschutz nicht (jedenfalls nicht allein) ursächlich dafür sein kann. Auch die Ausführungen Köhlers zur Praktikabilität[20] lassen Zweifel an der Überlegenheit des urheber-

---

[11] Vgl. außer den bereits genannten Arbeiten von *H.* und *O. Axster* (Note 8), *Sidler* (Note 2), *Ulmer* (Note 4) und *Skaupy* (Note 10), *Braun*, Rechtsschutz für Rechenprogramme, BB 1971, S. 1343 ff., *von Gamm*, Der urheber- und wettbewerbsrechtliche Schutz von Rechenprogrammen, in Wettbewerb in Recht und Praxis 1969, S. 96 ff.; *Kummer*, Das urheberrechtlich schützbare Werk, Bern 1968 (S. 198 ff.); *Möhring*, Die Schutzfähigkeit von Programmen für Datenverarbeitungsmaschinen (auf der Grundlage eines Gutachtens in Zusammenarbeit mit *Neuann* und *Kroitzsch*), GRUR 1967, S. 269 ff.; *Öhlschlegel*, Sollen und können Rechenprograme geschützt werden?, GRUR 1965, S. 465 ff. und Zur Schutzfähigkeit von Rechenprogrammen für Datenverarbeitungsanlagen, GRUR 1968, S. 679 ff.; Bericht über einen Vortrag von *Rosener*, Rechtsschutz für Rechenprogramme, GRUR 1970, S. 407 f. sowie auch *Köhler*, Zum Urheberschutz für Programme elektronischer Datenverarbeitungsanlagen, BB 1969, S. 1114 ff. (mit Stellungnahme zu den im Buch noch nicht berücksichtigten Arbeiten von *Sidler* und *von Gamm*).

[12] So *Öhlschlegel*, GRUR 1968, S. 679 und *von Gamm*, WRP 1969, S. 96.

[13] Vgl. z. B. *Kummer* (Note 11), S. 203 f.

[14] S. 4 bis 24.

[15] S. 25 bis 39.

[16] S. 28 bis 31.

[17] S. 29 f. im Anschluß an *Banzhaf*, Copyright Protection for Computer Programs, Columbia Law Review, Vol. 64 (1964), S. 1274 (1298 f.). Eine Übersicht über die Beurteilung in den USA auf deutsch gibt *Thurman*, Der Rechtsschutz von Computer-Programmen in den USA, GRUR Internationaler Teil 1969, S. 207 ff.

[18] S. 33.

[19] Insbesondere *Banzhaf* (Note 17).

[20] S. 33 bis 36.

rechtlichen Schutzes gegenüber anderen Schutzarten aufkommen. Die von ihm vorgeschlagenen praktischen Schutzmaßnahmen[21] unterscheiden sich nicht von solchen, die etwa bei einer Kombination von Wettbewerbsrechts- und Vertragsschutz erforderlich wären[22]. Die zu den Interessen der Beteiligten angestellten Betrachtungen zeigen zum großen Teil — wie der Autor selbst gelegentlich hervorhebt — den Charakter des Vorläufigen. Sie haben daher auch die Diskussion über den zweckmäßigsten Rechtsschutz für Programme keineswegs abschließen können[23]. Eine endgültige Beurteilung wäre allerdings auch nur für rechtspolitische Untersuchungen[24] notwendig. Die urheberrechtliche Prüfung nach geltendem Recht ist davon kaum berührt. Zu Recht betont *Köhler*[25], daß eine Klärung der Rechtslage in jedem Fall erwünscht ist, auch wenn Notwendigkeit und Zweckmäßigkeit eines Urheberschutzes nicht einheitlich beurteilt werden.

Die besondere Bedeutung der Arbeit *Köhlers* liegt in der detaillierten Untersuchung, wie weit im einzelnen — von der dargestellten Grundkonzeption aus — die Voraussetzungen eines Urheberschutzes für die Vorstufen des Programms (Kapitel 4[26]) und dieses selbst (Kapitel 5[27]) gegeben sind. *Köhler* kommt zu folgenden Ergebnissen: Bei der Systemanalyse kämen mehrere Systemanalytiker zwar selbst auf eng begrenzten Gebieten zu unterschiedlichen Lösungsmöglichkeiten, die alle dadurch charakterisiert seien, daß sie vom gleichen Ausgangspunkt dasselbe Ziel erreichten (äquivalente Lösungen). Die Problemlösung (Algorithmus) sei aber einem Urheberschutz nicht zugänglich. Es handle sich um das Auffinden von Methoden und wissenschaftlichen Erkenntnissen, die im Interesse der Allgemeinheit von einem absoluten Schutz freigehalten werden müßten. Die Untersuchung habe daher erst auf der Ebene der Datenfluß- und Programmablaufpläne einzusetzen. Für beide verneint der Autor die Individualität des Ausdrucksmittels. Der Spielraum für individuelle Entscheidungen des Programmierers sei vom darstellerischen[28] wie vom sprachlichen Ausdrucksmittel her zu gering, als daß einer dieser Bereiche allein einen Urheberschutz begründen könne. Würdige man die Auswahlmöglichkeiten bei beiden Ausdrucksmöglichkeiten zusammen, so könne zwar die erforderliche Individualität im Einzelfall erreicht werden; in der Mehrzahl der Fälle führe jedoch auch diese Betrachtung nicht zu einem Urheberschutz. Für die darüber hinaus erforderliche inhaltliche Würdigung sei zu unterscheiden: Der Datenflußplan stelle nur eine Wiedergabe des Algorithmus in einer weniger stark konzentrierten Form dar. Mangels Zuwachs an wissenschaftlich-technischer Gestaltung des Lösungswegs komme deshalb ein Urheberschutz auch unter diesem Gesichtspunkt nicht in Betracht. Dagegen gäbe es eine Fülle von Entscheidungsfreiheiten bei der Erstellung von Programmablaufplänen, so daß diese urheberrechtlich zu schützen seien. Die Entscheidungen erfolgten hier nicht zwangsläufig, auch wenn zahlreiche Bedingungen für die Programmerstellung gesetzt sein sollten (wie z. B. möglichst wenig Rechenzeit oder möglichst wenig Speicherplatz). Optimale Programme ließen sich zwar theoretisch vorstellen. In der Praxis sei aber eine Berücksichtigung aller dieser Bedingungen, also eine Entwicklung des Programmablaufplans in streng logischer Zielstrebigkeit nicht möglich, zuweilen — um Aufwand zu sparen — nicht einmal beabsichtigt. Daher bestehe grundsätzlich Spielraum für die Individualität des Verfassers. *Köhlers* Beurteilung des Programms entspricht der des Programmablaufs. Da die Programmiersprache eine Zusammenstellung weniger exakt definierter Begriffe sei, lasse ihre Verwendung als reines Darstellungsmittel einen Spielraum für individuelle Entscheidungen nicht zu. Der für die Kodierung charakteristische Spielraum bestehe darin, daß die Auswahl der Befehle aus der Befehlsliste trotz ihrer exakten Definition nicht absolut zwangsläufig sei. In der Regel würden verschiedene Programmierer bei Vorgabe

[21] S. 36.
[22] Vgl. *Braun* (Note 11), BB 1971, S. 1344 f.
[23] Vgl. *Braun* (Note 11), BB 1971, S. 1343 ff.
[24] Vgl. dazu *Öhlschlegel* und *Rosener* (Note 11).
[25] In der Einleitung, S. 3.
[26] S. 57 bis 70.
[27] S. 71 bis 92.
[28] Der Autor bezieht sich auf die in DIN 66001 festgelegten Sinnbilder.

eines bestimmten Programmablaufplans ganz verschiedene Programme schaffen. Zwar stelle die einzelne Entscheidung hier eine noch geringere individuelle Geistesleistung dar als bei der Verfassung des Programmablaufplans. Die Tätigkeit des Programmierers sei jedoch nicht rein schablonenhaft, denn ein Programm könne sich von anderen möglichen Programmen nicht nur in seinem Umfang, sondern auch in seinem inneren Aufbau ganz erheblich unterscheiden.

Köhler betont die enge Verbindung zwischen Programm und Programmablaufplan. Im Einzelfall könne dieser nur wenig ausgearbeitet und daher schutzlos sein. Die Entscheidungsfreiheiten die bei seiner Ausarbeitung bestünden, würden dann erst bei der Kodierung konkretisiert. Andererseits könne der Programmablaufplan so detailliert sein, daß er alle Entscheidungsfreiheiten der Programmierung bereits ausschöpfe und die Kodierung nur noch ein schematischer Übertragungsprozeß in die Programmiersprache sei. *Köhler* hebt hervor, daß Programmierungsmethoden und -techniken ebenso wie der Lösungsweg im Interesse der Allgemeinheit gemeinfrei seien. Für Programmablaufplan und Programm sei das aber nicht der Fall, weil dabei solche gemeinfreien Elemente auf auf individuelle Weise genutzt würden. Da es das optimale Programm nicht gebe, dieses vielmehr nur eine Zielvorstellung für die Programmierung sei, brauche das einzelne Programm nicht im Interesse der Wissenschaftsfreiheit vom Urheberschutz ausgenommen zu werden. Aber selbst wenn optimale Programme geschrieben werden könnten, würde das nach *Köhler* ihren Urheberschutz nicht beeinflussen. Da „das gleiche Programm im allgemeinen nie ohne eine mehr oder weniger große Abänderung ... verwendet werden" könne, bestehe kein Grund für die Freihaltung von Programmen und Programmablaufplänen im Interesse der Allgemeinheit.

Wie weit ein Werk gegen fremde Benutzung geschützt ist, hängt vom Grade seiner Individualität ab. Für die Praxis kommt daher neben der grundsätzlichen Bejahung eines Urheberschutzes der Bestimmung des Schutzumfangs größte Bedeutung zu. Die untere Grenze, das Verbot der Kopie,ist praktisch unerheblich, zumal wenn *Köhlers* Feststellung zutrifft, daß an einer unmittelbaren Übernahme von Programmablaufplan und Programm mangels Verwertungsmöglichkeit gar kein Interesse bestehen könne. Im übrigen würde bei einer Änderung weniger Einzelheiten die Übernahme keine Verletzung mehr darstellen, wenn der Schutz nicht weiter reicht. *Köhler* sieht beim Programmablaufplan eine Urheberrechtsverletzung als gegeben an, wenn ein Dritter keinen eigenen Plan entwirft, sondern sich darauf beschränkt, das Programm in enger Anlehnung an die Vorlage zu kodieren (auch wenn dies in einer anderen Programmiersprache geschieht). Auch bei indioidueller Prägung des neuen Programmablaufs könne eine unerlaubte abhängige Nachschöpfung vorliegen. Die Abgrenzung zwischen freier und unfreier Benutzung müsse der Prüfung des Einzelfalls überlassen bleiben.

Der Schutz des Programms sei gegenüber dem Programmablaufplan im allgemeinen nur geringfügig erweitert, da die beschränkten Wahlmöglichkeiten im Bereich der Kodierung nur eine geringe zusätzliche individuelle Färbung des Programms erlaubten. Das Programm müsse dann als noch in seinen kennzeichnenden, vom Programmierer persönlich ausgestalteten Merkmalen übernommen angesehen werden, wenn nur geringfügige verschleiernde Änderungen vorgenommen worden seien. Bei darüber hinausgehenden Änderungen komme es darauf an, ob der neue individuelle Beitrag dazu führe, daß ihm gegenüber die persönlichen Züge des ursprünglichen Programms verblaßten (dann freie Benutzung, § 24 I URG) oder nicht (dann mißlungene freie Benutzung oder Plagiat, § 23 I URG). Die Übersetzung des Programms in eine andere Programmiersprache kann nach *Köhler* so starke Abweichungen mit sich bringen, daß sie keine Verletzung des Urheberrechts am übersetzten Programm mehr darstellt. Dies sei allerdings bei der Ausführung durch einen übersetzerprogrammgesteuerten Computer ausgeschlossen. *Köhler* hebt hervor, daß auch hier die Abgrenzung zwischen freier und unfreier Benutzung nur für den konkreten Fall und nur mit Hilfe eines Sachverständigen möglich sei. Zum Beweis der Individualität des Orignalprogramms will *Köhler* genügen lassen, daß der Kläger im Verletzungsstreit das Programm auszugsweise in einzelnen Befehlen darlege und insoweit eine individuelle Färbung nachweise. Dann „könnte man an eine Umkehrung der

Beweislast denken, mit der Frage, daß der Verletzer zu beweisen hätte, daß die übrigen Teile des Programms das Urheberrecht des Klägers nicht verletzten"[29].

Köhler behandelt im Anschluß an diese auch für Compiler gültigen Ausführungen Besonderheiten des in einer problemorientierten Sprache geschriebenen Programms. Da ein Befehl in einer solchen Sprache meist eine ganze Folge von Maschinenoperationen auslöse, gebe es weniger gleichwertige Befehle. Trotzdem blieben genügend Variationsmöglichkeiten für den Programmierer, die – lediglich mit Ausnahme von kleineren Programmen – einen Urheberschutz rechtfertigten. Beim endgültigen Maschinenprogramm, das sich aus dem Programm in problemorientierter Sprache und den dadurch aufgerufenen Teilen des Compilerprogramms zusammensetze, könne eine Werkverbindung nach § 9 URG vorliegen, sofern die verwendeten Teile des Compilerprogramms urheberschutzfähig sind. Bei Generatorprogrammierungssystemen kämen allein die aufgerufenen Programmteile für einen Urheberschutz in Betracht.

An den Ausführungen Köhlers überrascht die – im Gegensatz zu späteren Stufen der Programmentwicklung – knappe Behandlung der Systemanalyse[30]. Daß der grundsätzliche Lösungsweg – der Algorithmus – nicht einem absoluten Schutz unterstellt werden darf, ist zweifellos richtig. Aber die häufig umfangreiche Studie des Systemanalytikers präsentiert sich in der Regel im Gewand der Umgangssprache und ist deshalb vom Darstellungsmittel her schutzfähig. Darüber hinaus ist zu fragen, ob wirklich alles, was die Systemanalyse an sachlichen Ergebnissen bringt, im Interesse von Wissenschaft und Fortschritt vom Urheberschutz ausgenommen ist. Es muß berücksichtigt werden, daß der Begriff der Systemanalyse schillernd ist, insbesondere auch in verschiedenen Bereichen unterschiedliche Bedeutung haben kann[31]. Vielfach enthält die Systemanalyse auch Lösungen für das einzelne Projekt, die nicht anders als die individuellen Ausgestaltungen von Programmablaufplan und Programm beurteilt werden können. Dies muß überall da gelten, wo eine Auswahl unter verschiedenen Gestaltungsmöglichkeiten für den Einzelfall getroffen wurde, ohne daß diese für den grundsätzlichen Lösungsweg von Bedeutung wäre. Als einfachstes Beispiel sei etwa die Bestimmung von Ausdrucksformularen genannt, die wie sonstige Formulare – ohne Verletzung von Interessen der Allgemeinheit – geschützt werden können.

Zuzustimmen ist *Köhlers* Feststellung, daß der Urheberschutz nicht dadurch ausgeschlossen wird, daß ein optimales Programm theoretisch denkbar erscheint. Zur Zeit ist es wohl nicht möglich, die mit dem Zusammentreffen vieler Anforderungen an ein Programm gegebenen Optimierungsprobleme (theoretisch) zu lösen. Aber wie ist es, wenn ein Programm zwar nicht optimal ist, sich aber doch im Test als allen vergleichbaren Programmen praktisch überlegen erweist? Nehmen wir an, eine solche praktische Überlegenheit (die sich z. B. in sehr kurzer Rechenzeit ausdrückt) ergebe sich durch die Anwendung neuartiger Schleifen: Diese Schleifenbildung ist als Methode des Programmierens frei. Bei gleicher Zielsetzung wird die Anwendung dieser Methode möglicherweise zu einem sehr ähnlichen Programm führen. Es stellt sich dann die Frage, ob die bleibenden Unterschiede noch groß genug sind, um von einer individuellen Prägung des ersten Programms sprechen zu können. Noch fraglicher erscheint ein Urheberschutz, wenn man davon ausgeht, es könnten optimale Programme geschrieben werden. Für diesen Fall will Köhler[32] mit der Begründung, Programme könnten – jedenfalls

---

[29] S. 86.

[30] S. 60 f.

[31] *Köhler* scheint hier zu einseitig auf den kommerziellen Bereich abzustellen. Vgl. demgegenüber als Beispiel für ein wissenschaftliches Großprojekt den allerdings mehr als die Analyse umfassenden Bericht „Das Juristische Informationssystem", herausgegeben vom Bundesministerium der Justiz, 1972. Zu der dort S. 344 f. behandelten Verweisungsdokumentation vgl. die Spezialuntersuchungen von *Berger*, Entwurf eines Systems zur Dokumentation von expliziten Verweisungen in gesetzlichen Vorschriften und *Dehlinger*, Verweisungsbezogene Textdokumentation von gesetzlichen Vorschriften, beide München-Pullach und Berlin 1971. Hier läßt sich die Entwicklung von der sprachlichen über die graphische zur mathematischen Darstellung verfolgen.

[32] S. 83.

noch für längere Zukunft – an anderer Stelle nicht ohne mehr oder weniger große Abänderungen für gleichartige Aufgaben verwendet werden, ein Bedürfnis für die Freihaltung optimaler Programme und Programmablaufpläne im Interesse der Allgemeinheit verneinen[33]. *Köhlers* Feststellung dürfte aber bereits zum jetzigen Zeitpunkt nicht unzweifelhaft sein. Es wäre dann von praktischer Bedeutung, ob ein optimales Programm übernommen werden kann. Das müßte bejaht werden. Was durch Optimierungsmethode gefunden wurde, ist das Ergebnis streng logischer Geistestätigkeit und kann nicht urheberrechtlich geschützt sein. Auch wenn das endgültige Programm nicht unmittelbar anderweitig anwendbar ist, bleibt die Frage, wie weit der Programmablaufplan wenigstens in wesentlichen Teilen übernommen werden darf. Die Übernahme des Plans in seiner wesentlichen Struktur würde eine Urheberrechtsverletzung darstellen, sofern der optimale Plan nicht frei wäre. Die Antwort muß auch hier lauten, daß das Ergebnis einer Optimierungsmethode im Interesse der Allgemeinheit vom Urheberschutz frei bleiben muß. Träfe Köhlers Feststellung dagegen in vollem Umfang zu, so wäre vielleicht ein Urheberschutz nicht ausgeschlossen, aber weitgehend wirkungslos: ein Schutz gegen eine gar nicht mögliche Übernahme ist ohne praktisches Interesse.

Überhaupt bleibt die Frage nach der praktischen Bedeutung des Urheberschutzes[34]. Auch die Arbeit *Köhlers* bestätigt, daß Generalisierungen nur sehr eingeschränkt möglich sind. Die Zweifel im Einzelfall beginnen schon mit der Frage, ob überhaupt ein schutzfähiges Werk vorliegt. Die Voraussetzungen für eine Beweislastumkehr, wie sie *Köhler* vorschlägt[35], dürften kaum gegeben sein. Schließt man aus der Individualität von Programmauszügen auf die Individualität des ganzen Programms, so muß das auch für den Beklagten im Verletzungsstreit gelten. Gerade nur Individualität vortäuschende Teilabweichungen würden so nicht entlarvt. Um einen ins einzelne gehenden Vergleich kommt man also nicht herum, soll eine Verletzung nachgewiesen werden. Dies um so weniger, wenn geprüft werden muß, ob nicht die Individualität des ersten Programms hinter der des Beklagten so weit zurücktritt[36], daß eine Verletzung ausscheidet. Dieser Punkt wird im Prozeß stets ein wesentlicher Streitpunkt sein, wenn *Köhlers* These zutrifft, daß eine Programmübernahme immer nur unter wesentlichen Änderungen praktikabel ist. Der Nachweis der Verletzung wäre sehr viel einfacher, wo ein Programm vollständig übernommen wurde. Aber gerade in den Bereichen, in denen dies am ehesten möglich erscheint[37], wird es sich immer um Programme in höheren Programmiersprachen handeln, deren Schutz im Einzelfall wieder besonders problematisch ist[38].

Die bleibenden Unklarheiten mindern den Wert der vorliegenden Arbeit nicht. *Köhler* kommt das Verdienst zu, mehr als andere die Praxis der Programmierung berücksichtigt zu haben sowie auch wichtigen Detailfragen nachgegangen zu sein. Damit hat er Wesentliches zu einer Klärung der Rechtslage auf dem Gebiet des urheberrechtlichen Programmschutzes beigetragen. Daß Einzelfragen noch diskussionsbedürftig sind, versuchte diese Besprechung anzudeuten. Eine grundsätzlich sicherere Beurteilung wird aber, wenn überhaupt, dann erst an Hand von Gerichtsentscheidungen oder Gutachten zu konkreten Fällen möglich sein.

Dieter Goose

Wolfgang Michalski (Hrsg.), Leistungsfähigkeit in der öffentlichen Verwaltung

(Veröffentlichungen des HWWA/Institut für Wirtschaftsforschung Hamburg) Verlag Weltarchiv GmbH. Hamburg 1970. 119 S. Brosch. DM 28,–

Die Broschüre stellt im wesentlichen das Ergebnis einer Tagung der deutschen Sektion des internationalen Instituts für Verwaltungswissenschaften vom 11. bis 13. Juni 1969 der Öffentlichkeit vor. Im einzelnen werden die nachfolgenden Themen behandelt. Philipp

---

[33] Vgl. dagegen *Thurman* (Note 17), S. 217.
[34] Vgl. *Braun* (Note 11).
[35] S. 86.
[36] So auch *Köhler*, S. 85.
[37] Vgl. *Thurman* (Note 17), S. 217.
[38] *Köhler*, S. 86 f.

Huet: Öffentliche Verwaltung und Planung, dargestellt am Beispiel Frankreichs; Horst Claus Recktenwald: Maßstäbe für rationale Entscheidung in der Staatswirtschaft; Eberhard Thiel: Planning-Programming-Budgeting-System; Knut Bleicher: Zur Organisation von Leitung und Führung in der Verwaltung; John N. Archer: Steigerung der Efficience in der Verwaltungstätigkeit, dargestellt an Beispielen aus Großbritannien, den Vereinigten Staaten und Kanada; Jörg Kandutsch: Kontrolle von Planung, Vollzug und Leistung; Wolfgang Michalski: Leistungsfähigkeit und Wirtschaftlichkeit in der öffentlichen Verwaltung.

Das Hauptgewicht der Beiträge — die auch ohne Spezialkenntnisse lesbar und lesenswert sind — liegt auf der Frage, wie aus der traditionellen öffentlichen Verwaltung, die heute noch häufig vornehmlich nur unter dem Aspekt der Ordnungsmäßigkeit vollzogen wird, eine Leistungsverwaltung entstehen kann, die die Prinzipien der Rationalität und Wirtschaftlichkeit dem der Ordnungsmäßigkeit gleichberechtigt zur Seite stellt.

Sigmar Uhlig

Christof Zangemeister, Nutzwertanalyse in der Systemtechnik. Eine Methodik zur multidimensionalen Bewertung und Auswahl von Projektalternativen

Verlagskommission: Wittemannsche Buchhandlung, München. 2. Auflage. 1971. 370 Seiten. DM 53,–

Zunehmend wichtiger werden die Fragen nach dem Nutzwert einer Maßnahme bei der Zielfindung und Zielauswahl. Hier hilft die gründliche Arbeit Zangemeisters, der die Grundlagen und Verfahren der Nutzwertanalyse theoretisch und losgelöst von der praktischen Anwendung entwickelt und zusammenfassend darstellt.

In den „Allgemeinen Grundlagen" werden einführend die Charakteristik der Systemtechnik, das Auswahlproblem und allgemeine Lösungsgrundsätze und ein Grundmodell multidimensionaler Nutzwertanalyse dargestellt. Das Schwergewicht der Arbeit (Seiten 89–317) liegt in der eingehenden Darstellung der „Methodologie praktischer Nutzwertanalyse". Die Problematik und Methodik bei der Aufstellung von Zielsystemen, die Bewertungsmethoden, Entscheidungsregeln zur Wertsynthese sowie die Problematik und Methodik der Berücksichtigung der Ungewißheiten bei Planungsprozessen bilden dabei die Hauptpunkte der Untersuchung.

89 Abbildungen, 44 Tabellen und 10 Tafeln erleichtern den Gebrauch des Werkes.

Es sollte als Handbuch allen dienen, die in Wirtschaft und Verwaltung Planungsentscheidungen vorbereiten oder im Bereich der Forschung Grundlagen für die Planungen schaffen.

Sigmar Uhlig

Report of the Committee on Privacy (Younger-Report)

Presented to Parliament by the Secretary of State for the Home Department, the Lord High Chancellor and the Secretary of State for Scotland by Command of Her Majesty, London, Juli 1972. 350 S. £ 2.–.

Der Younger-Report ist der Bericht einer im Mai 1970 von dem damaligen britischen Innenminister Callaghan ernannten Kommission, die prüfen sollte, ob zum Schutz der Privatsphäre des einzelnen Bürgers und der gewerblichen Geheimsphäre gegen von privater Seite drohende Gefahren gesetzgeberische Maßnahmen erforderlich sind. Von staatlichen Institutionen ausgehende Gefährdungen wurden unverständlicherweise ausgeklammert. Hier soll nur auf die für den Bereich des Individualdatenschutzes relevanten Untersuchungsergebnisse eingegangen werden.

Die Kommission setzt sich zunächst mit Funktion und Stellenwert von Privacy unter den gegenwärtigen gesellschaftlichen Bedingungen auseinander. Das Recht auf Privatsphäre sei nicht so sehr als „right to be let alone", als Recht auf einen absolut geschützten Freiraum zu verstehen, der ohnehin nicht existiere, sondern es bezeichne vor allem den Anspruch des einzelnen auf Wahrung seiner Interessen bei der Sammlung und Weitergabe ihn betreffender Informationen (S. 19). Bleibt auch die sich an *Westin* anlehnende

Analyse dieser Interessen aus Raumgründen und infolge der Nichtberücksichtigung des staatlichen Bereichs etwas oberflächlich, so wird doch in einem Punkt Neuland betreten und die Datenschutzdiskussion um eine wesentliche Dimension erweitert: Die Kommission ließ einem repräsentativen Querschnitt der Bevölkerung einen Katalog von 156 Fragen vorlegen, um die hinsichtlich der Privatsphäre vertretenen Ansichten zu ermitteln (S. 228 ff.). Für die meisten Befragten bedeutet Privacy eigenverantwortliche Lebensgestaltung ohne fremde Einmischung (47%) sowie vertrauliche Behandlung von Individualinformationen (35%). Nur 30% (mehrere Antworten waren möglich) verbinden mit Privacy die Vorstellung von Ungestörtheit in der eigenen Wohnung und unbeeinträchtigtem Familienleben. Auch wenn diese (hier nur verkürzt wiedergegebenen) Ergebnisse nicht ohne weiteres auf die Situation in der Bundesrepublik übertragbar sind, sind sie Anlaß genug, das Verhältnis von Privatsphäre und demokratischer Partizipation zu überdenken. Privacy verstanden als Freiheit von einschüchternder Überwachung und Kontrolle ist nicht Gegenbegriff, sondern Basis politischer Betätigung des einzelnen Bürgers, impliziert also keine Trennung von Gesellschaft und Staat.

Der Forderung nach Privacy wird von der Mehrheit ein hoher Stellenwert eingeräumt, und dies nicht nur von der Ober- und Mittelschicht (S. 267). Bei der Aufschlüsselung nach Altersgruppen ergibt sich, daß die 18- bis 30jährigen die Wichtigkeit von Privacy etwas geringer einschätzen, wenn sie abstrakt danach gefragt werden (S. 264 f.). Auf die Frage, ob Öffentlichkeit oder vertrauliche Behandlung einer Reihe einzeln aufgezählter personenbezogener Daten vorzuziehen sei, lag jedoch die Forderung nach vertraulicher Behandlung deutlich über dem Durchschnitt (S. 271). Gegen die Publizität von Angaben über folgende Bereiche sprachen sich in dieser Altersgruppe aus (in Klammern die Durchschnittswerte): Politische Meinungen 58% (42%), religiöse Ansichten 48% (28%), Einkommen 89% (78%), sexuelles Verhalten 95% (87%), Krankheitsgeschichte 59% (71%). Eine entsprechende Untersuchung in der Bundesrepublik könnte wertvolle Hinweise für das im Rahmen abgestufter Zugangsregelungen notwendige „sensitivity grading" geben (vgl. auch den Katalog „freier" Daten in § 19 Entwurf Bundesmeldegesetz, Bundesratsdrucksache 233/71).

Ein weiteres Ergebnis zeigt, daß die Gefahren der elektronischen Datenverarbeitung in Großbritannien offenbar der Mehrheit bewußt geworden sind: Die stärksten Reaktionen aus einer Liste möglicher Privacy-Gefährdungen löste die Beschreibung eines zentralen Computerdossiers über jeden Bürger aus. 85% der Befragten befürworteten ein gesetzliches Verbot (S. 238).

Breiten Raum nimmt im Younger-Report die Analyse der Gefahren ein, die der Privatsphäre in einzelnen Bereichen drohen. Diese Bestandsaufnahme umfaßt u. a. Auskunfteien, medizinische und Personaldatenbanken und Detekteien. Für jeden Bereich werden gesonderte Vorschläge gemacht. Hervorzuheben ist hier die Forderung nach einer unabhängigen Institution, die die Entwicklungen im Bereich der elektronischen Verarbeitung personenbezogener Daten verfolgen, Empfehlungen an den Gesetzgeber aussprechen und als Beschwerdeinstanz für betroffene Bürger dienen soll (S. 191). Dagegen lehnt die Kommission ein umfassendes, also über den Datenschutzbereich hinausgreifendes Gesetz zum Schutz der Privatsphäre ab, wie es in Großbritannien mehrfach vorgeschlagen worden war.

Im ganzen genommen ist der Younger-Report ein Schritt in die richtige Richtung. Er erweitert die bisher recht schmale empirische Basis der Datenschutzdiskussion hinsichtlich ihres Schutzobjekts, der Privatsphäre, und leistet erste, wenn auch bescheidene Ansätze einer Nutzen-Kosten-Analyse möglicher Schutzmaßnahmen. Otto Mallmann

Baumgärtel / Mes / Hohmann, Rechtstatsachen zur Dauer des Zivilprozesses. Modell einer Gesetzesvorbereitung mittels elektronischer Datenverarbeitung

Erste Instanz

Hrsg. von Prof. Dr. Gottfried Baumgärtel und Dr. Peter Mes. (= Prozeßrechtliche Abhandlungen, Heft 31). Carl Heymanns Verlag, Köln. 2., unveränderte Auflage 1972. VII, 271 Seiten. Kartoniert DM 64,–

Zweite Instanz

Hrsg. von Prof. Dr. Gottfried Baumgärtel und Gerhard Hohmann. (= Prozeßrechtliche Abhandlungen, Heft 33). Carl Heymanns Verlag, Köln. 1972. VII, 212 Seiten. Kartoniert DM 54,–

1. Das Ziel der Untersuchungen ist, die Gründe der Verzögerung von Zivilprozessen – soweit möglich – aufzudecken. Die Erhebung sollte so breit gestreut werden, wie es zur Erzielung eines repräsentativen, zumindest aber eines informativen Ergebnisses nach den Methoden der Demoskopie erforderlich ist (I,1; II,1). Dabei ist dem Begriff „informativ" ein geringerer Wahrheitsgehalt zugemessen als dem Begriff „repräsentativ". Zugleich sollten die Untersuchungen dazu dienen, Erkenntnisse über die Einsatzmöglichkeiten elektronischer Datenverarbeitungsanlagen bei der Vorbereitung von Gesetzen und die dabei anzuwendenden Methoden zu gewinnen (I und II, Vorwort).

1.1 Diese Absicht ist ebenso anzuerkennen wie der daraus entsprungene Versuch, durch Aktenanalyse konkrete Tatsachen über den Verlauf von Zivilprozessen zu ermitteln.

1.2 Das hat eine Vielzahl höchst interessanter Beziehungen aufgezeigt, die teilweise den Erwartungen des Praktikers entsprachen, teilweise aber auch überraschten. Daß Prozesse aus Verkehrsunfällen bei Amtsgerichten relativ schnell erledigt werden und Bauprozesse längere Zeit als üblich brauchen, entspricht der allgemeinen Erfahrung. Daß jedoch die Prozeßdauer bei Darlehnsklagen in der ersten Instanz etwa dem Mittelwert entspricht (I,171 f.), während in der Berufungsinstanz Darlehnsprozesse den höchsten Anteil mit relativ vielen Terminen am Landgericht haben und auch am Oberlandesgericht der Wert noch höher liegt als der Grundanteilswert (II,81), ist sicher eine überraschende Feststellung. Daß hingegen das Auftreten eines Kartellanwalts oder Anwaltsvertreters anstelle des mit der Sache befaßten Anwalts oder die Abhängigkeit der Ladung der Zeugen von der Einzahlung eines Auslagenvorschusses Verzögerungsursachen sind, ist eine Trivialität.

1.3 Wertvoll für den Bereich der Rechtstatsachenforschung ist der vom Gesamtergebnis her als gelungen zu bezeichnende Versuch, in einem Team von Juristen, Mathematikern und Statistikern unter Einsatz der Möglichkeiten elektronischer Datenverarbeitung gemeinschaftlich eine neue Methode der Erkenntnisgewinnung praktiziert zu haben.

2. Während die Anerkennung so pauschal ausgesprochen sein mag, bedarf die kritische Auseinandersetzung der Argumente. Sie muß daher bei der Masse der untersuchten Details beschränkt werden. Untersucht werden soll die Frage der Berücksichtigung der für eine Verzögerung mitursächlichen Umstände im übrigen – außerhalb des einzelnen Zivilprozesses liegenden – persönlichen (nicht privaten) Bereich des Richters und zum zweiten, ob die in den Untersuchungen hergestellten Beziehungen zwischen der Größe der Gerichte und der Prozeßdauer in der angewandten Methode eine hinreichende Garantie für eine praktisch verwertbare Wahrscheinlichkeit haben. Für die zuletzt genannte Untersuchung sollen allein die Daten und Ergebnisse der Amtsgerichte als Beispiel herangezogen werden. Die Kritik bezieht sich auf die Auswahl der Daten und auf ihre Auswertung sowie auf deren Analyse.

2.1 Nur registriert werden soll die Tatsache, daß teilweise Formulierungen gebraucht wurden, die der Wettkampfsprache oder dem Produktionsbereich entnommen zu sein scheinen. Man fühlt sich wie bei einem Rennen um die kürzeste Verfahrensdauer, wenn es heißt: „Hier vermochten sich die kleinen Landgerichte durchaus zu behaupten" (I,132) oder in einem Produktionsbetrieb, wenn gesagt wird, hier „konnten die mittleren und großen Landgerichte lediglich 6,2% bzw. 6,8%, der bei ihnen anhängig gemachten Verfahren nicht innerhalb von zwei Jahren erledigen" (I,132). Es muß offen bleiben, ob eine solche Betrachtungsweise, die allein von Erledigungsmengen auf Leistungsfähigkeit zu schließen scheint, in die Auswertung der Ergebnisse eingegangen ist.

2.2.1 Wenn in den Untersuchungen erklärt wird, daß unberücksichtigt bleiben mußte die in den einzelnen Kammern desselben Gerichts unterschiedlich große Tendenz, einen Prozeß streitig zu entscheiden (I,86), so erscheint das zunächst einleuchtend. Dennoch kann nicht übersehen werden, daß diese „persönliche Gleichung" einer Kammer oder eines Amtsrichters einer differenzierteren Analyse zugänglich ist. Wenn schon die mehr oder weniger große Entscheidungsbereitschaft eines Richters als nicht meßbar ausgeklammert werden muß, so bleibt doch noch einiges an meßbaren Faktoren, die zweifellos Einfluß haben auf das, was als unterschiedlich große Tendenz, einen Prozeß streitig zu entscheiden, bezeichnet wird.

Zu Recht haben die Untersuchungen etwa die Ehescheidungssachen ausgeschieden und darüber keine Ermittlungen angestellt. Sie haben aber auch unberücksichtigt gelassen, ob und welchen Anteil in den Kammern und Senaten die Ehescheidungssachen ausmachen. Das durfte nur dann unberücksichtigt bleiben, wenn vorausgesetzt werden konnte, daß diese Sachen etwa gleichmäßig auf alle Kammern oder Senate verteilt sind. Befinden sich unter den untersuchten Gerichten solche, bei denen nach der Geschäftsverteilung einige Kammern oder Senate keine Ehescheidungssachen zu bearbeiten haben oder diese Sachen mit Schwerpunkt in einzelnen Kammern oder Senaten konzentriert sind, so daß andere einen geringeren Anteil an Ehescheidungssachen zu bearbeiten haben, ist das Ergebnis ungenau, weil die Dauer der hier behandelten Verfahren (O-, S- und U-Sachen) auch davon abhängt, ob und in welchem Umfang die Kammern und Senate neben den untersuchten Verfahren andere Verfahren zu bearbeiten haben. Zu solchen anderen Verfahren gehören auch Beschwerdesachen und zweitinstanzliche Sachen neben erstinstanzlichen oder umgekehrt. Dasselbe gilt für die Verfahren, die ein Richter am Amtsgericht, dem ausschließlich Zivilprozeßsachen zugewiesen sind, bearbeitet zum Unterschied gegenüber einem Richter, der Zivilprozeßsachen neben Nachlaß-, Vormundschafts-, Grundbuch- und Registersachen oder Strafsachen zu bearbeiten hat und der eine andere Arbeitsmethode entwickeln muß, die auf die Verfahrensdauer von Einfluß ist.

2.2.2 Ohne Verfälschung der Ergebnisse kann auch nicht ausgeklammert werden die Gesamtbelastung des Richters, der Kammer oder des Senats. Es dürfte allgemeiner Erfahrung entsprechen, daß ein Zivilprozeß, der nicht zügig verhandelt und entschieden wird, durch diese Verzögerung umfangreicher wird und für eine so verzögerte Entscheidung mehr Arbeitsaufwand nötig ist als für eine Entscheidung bei zügiger Erledigung. Das aber bedeutet, daß die Überlastung eines Richters selbst eine erneute Ursache für weitere Überlastung ist, weil sie Ursache dafür ist, daß Verfahren nicht zügig verhandelt werden können.

Die „persönliche Gleichung" eines Richters oder eines Richtergremiums würde durchsichtiger, wenn der Zusammenhang zwischen der Verfahrensdauer und der Zahl der laufenden Sachen je Richter und der Zahl der jährlichen Eingänge ermittelt worden wäre.

3.1 Bei der Untersuchung der Abhängigkeit der Verfahrensdauer von der Größe der Amtsgerichte kommt die Untersuchung I zu folgenden Ergebnissen.

Die nachstehende Tabelle enthält die im Text mitgeteilten Angaben — I,131 —.

Klassifizierung der Amtsgerichte	Zivildez.	Verfahrensdauer bis zum Schlußurteil in %		
		0–3 Monate	0–6 Monate	mehr als 12 Mon.
großes AG	über 9	18	56	16,4
mittleres AG	5–9	14,6	41,6	20,2
mittleres AG	3–4	34,6	64,3	10,6
kleines AG	1–2	31,5	60,1	12,7

Diese Ergebnisse sind in der Tat verblüffend. Das löst jedoch bei den Autoren keinen Zweifel aus, der Anlaß zu Kontrolluntersuchungen hätte geben können. Sie stellen schlicht und ergreifend fest:

„Zusammenfassend ist somit festzustellen, daß kleine Amtsgerichte schneller als große und mittlere Amtsgerichte arbeiten. Die schlechtesten Erledigungswerte verzeichnete das in fünf bis neun Zivildezernate aufgegliederte mittlere Amtsgericht" (I,131).

Und in der Analyse der Auswertungsergebnisse heißt es ebenso kurz und knapp:

„Die kleinsten und kleinen Amtsgerichte führen die Zivilprozesse rascher durch als die großen und mittleren Amtsgerichte. Die schlechtesten Erledigungswerte weisen die mittleren Amtsgerichte (mit 5–9 Zivildezernaten) auf" (I,245).

Sodann wird munter drauflos spekuliert: die rasche Abwicklung der Zivilprozesse durch die kleinen Amtsgerichte sei zurückzuführen auf das persönliche Gespräch, den engeren Kontakt, die größere Ortsnähe, die besser überschaubare Büroorganisation, bei den großen Amtsgerichten seien die durch das Fehlen dieser Eigenschaften vorhandenen Mängel kompensiert durch stärkere Rationalisierung der Büroorganisation und die Möglichkeit zur Spezialisierung, bei den mittleren Gerichten (5–9 Zivildezernate) fehle schließlich das eine wie das andere. Daten, mit denen diese Vermutungen belegt werden könnten, fehlen.

3.2 Eine Untersuchung der Untersuchung in diesem Punkt führt zu dem überraschenden Ergebnis, daß die Klassen der großen und mittleren großen Amtsgerichte nicht ausreichend repräsentiert sind und die Klasse der kleinen Amtsgerichte aus so inhomogenen Elementen besteht, daß den ermittelten Ergebnissen ein Erkenntniswert nicht zukommt.

3.2.1 Das folgt aus den in der nachstehenden Tabelle enthaltenen Werten, die jedoch in den Spalten III bis V der Untersuchung selbst, die sich mit Prozentzahlen begnügt, direkt nicht entnommen werden konnten, sondern erst durch Rückrechnung der Prozentzahlen in absolute Zahlen und durch Kombination mit dem Stichprobenplan erschlossen werden mußten.

Im einzelnen enthält die Tabelle folgende Angaben:

Spalte I: Klassifizierung der Amtsgerichte nach der Untersuchung

Spalte II: Anteil der untersuchten Akten in Prozenten der insgesamt untersuchten Akten in den einzelnen Klassen der Amtsgerichte (I,131)

Spalte III: Anzahl der tatsächlich untersuchten Akten, ermittelt durch Rückrechnung aus den Angaben in Spalte II und der Gesamtzahl der tatsächlich untersuchten Akten (= 1367* Stück – I,129 –)

Spalte IV: Größtmöglicher Näherungswert aus den Sollzahlen für die Anzahl der nach dem Stichprobenplan zu ziehenden Akten bei einer Gesamtzahl zu ziehender Akten von 1500 (I,102)

Spalte V: Amtsgerichte, ermittelt aus dem für insgesamt 83 Amtsgerichte aufgestellten Stichprobenplan (I,100) nach den Zahlen in den Spalten III und IV.

I		II	III	IV	V
Klassifizierung der Amtsgerichte	Zivildez.	Anteil der untersuchten Akten in %	Anzahl der untersuchten Akten Ist	Soll	untersuchte Amtsgerichte
großes AG	über 9	24,6	337	382	Stuttgart
mittleres AG	5–9	6,9	94	102	Krefeld
mittleres AG	3–4	20,7	283	82 74 62 44 41	Offenbach Hagen Mülheim/Ruhr Aschaffenburg Flensburg
kleines AG	1–2	47,9	655	723	76 Gerichte
		100,1	1369*	1500	

* Die Differenz von + 2 Akten bei der Rückrechnung in Spalte III ist nach den vorhandenen Angaben nicht eliminierbar; sie liegt innerhalb der durch Rundung verursachten Fehlerbreite.)

3.2.2 Daß ein einziges Amtsgericht mit 18 282 Eingängen an C-Sachen (Stuttgart 1967) repräsentativ sein soll für die Klasse von Amtsgerichten mit 10 und mehr Zivilprozeßdezernaten ist ebensowenig einsehbar, wie die entsprechende Bewertung eines anderen Amtsgerichts mit 4878 Eingängen (Krefeld 1967) für die Klasse von Amtsgerichten mit 5 bis 9 Zivilprozeßdezernaten. Daran ändert auch die Tatsache nichts, daß diese Amtsgerichte mit Hilfe von Zufallszahlen aus den Amtsgerichten der Bundesrepublik ausgewählt worden sind. Schon ein größerer Anteil von Erkrankungen von Richtern ob mit oder ohne Vertretung drückt sofort die Erledigungsquote des gesamten Gerichts. Es wurde nichts darüber mitgeteilt, ob diese oder ähnliche Ursachen nichttypischer Art durch Kontrolluntersuchungen ausgeschieden werden konnten, bevor so gravierende Schlüsse (oben 3.1) gezogen wurden. Wiederholt ist in den Untersuchungen davon die Rede, daß Kostengründe eine Beschränkung der Untersuchung notwendig gemacht hätten. Dann hätte erkannt werden müssen, daß diese Schlüsse aus dem vorhandenen Datenmaterial nicht hätten gezogen werden dürfen.

3.2.3 Die Klasse der kleinen Amtsgerichte mit 1 bis 2 Zivilprozeßdezernaten ist, wie ein Vergleich der darin enthaltenen Amtsgerichte und ihrer Eingangszahlen zeigt, völlig inhomogen. Schon die Bezeichnung dieser Klasse ist irreführend, denn ein Amtsgericht mit 37 Eingängen (Boxberg 1967) hat nicht 1 Zivildezernat, sondern nur einen Bruchteil davon (ca. $^1/_{25}$). Legt man als volles Zivilprozeßdezernat für 1967 eine Zahl von 900 bis 1000 Eingängen zugrunde, dann haben von den 76 kleinen Amtsgerichten 53 weniger als $^1/_2$ Dezernat und nur 5 Amtsgerichte deutlich mehr als 1 Dezernat. Unter diesen „kleinen" Amtsgerichten finden sich außerdem die Großstadtgerichte Duisburg-Ruhrort und Bottrop mit mehr als 100 000 Gerichtseingesesssenen und mit 1625 bzw. 1247 Eingängen im Jahr, wobei für das Amtsgericht Duisburg-Ruhrort die auch als C-Sachen registrierten Binnenschiffahrtssachen, die allgemein als schwierigere Sachen gelten, undifferenziert in die Untersuchung eingegangen sind.

Damit dürfte gezeigt sein, daß die von den Untersuchungen über den Zusammenhang zwischen Gerichtsgröße und Prozeßverzögerung sehr apodiktisch formulierten Aussagen mit diesen Daten nicht verifizierbar sind. Planungen über eine Reform des Gerichtsaufbaus auf diese Ergebnisse zu gründen, hieße, gefährlichen Fehleinschätzungen zu unterliegen.

4. Abschließend soll nicht unerwähnt bleiben, daß die Untersuchungen zu dem Ergebnis kommen, daß mit gesetzgeberischen Maßnahmen zur Beschleunigung des Zivilprozesses nur einem Teil der Verzögerungsursachen beigekommen werden kann, weil wesentliche Gründe für die zu lange Dauer des Zivilprozesses außerhalb der Normen der ZPO zu suchen sind (I,270; II, 212). Der Vorschlag, die Büroorganisation der Justiz durch Organisationsspezialisten – aber nicht ohne Mitwirkung von Praktikern des Zivilprozesses (!) – überprüfen zu lassen, sie dem zu erwartenden Ergebnis entsprechend zu rationalisieren, darf der wärmsten Zustimmung der Richter, insbesondere der Amtsgerichte, sicher sein.

Heinz Menne

Karl Ganzhorn/Eberhard Schleferdecker/Albert Endres (Hrsg.), Systemprogrammierung

Vorträge einer Fachtagung der IBM Deutschland. Beihefte zur Zeitschrift „Elektronische Rechenanlagen", Band 20. R. Oldenbourg Verlag, München/Wien. 1972. 155 S. 59 Abb. DM 34,–

Erst äußerst komplizierte Betriebssysteme, die aus Hunderttausenden oder gar Millionen von Instruktionen (Maschinenbefehlen) bestehen, ermöglichen eine sinnvolle Ausnutzung der hohen Leistung moderner Datenverarbeitungsanlagen. Die Wissenschaft hat erst begonnen, die Grundlagen und Methoden der Systemprogrammierung zu erarbeiten. Um so wichtiger ist der Gedankenaustausch zwischen allen denjenigen, die sich mit der Theorie oder der praktischen Entwicklung von Betriebssystemen beschäftigen. Diesem Gedankenaustausch diente die Tagung, die Ende 1970 oder Anfang 1971 stattgefunden haben muß und deren Vorträge hier wiedergegeben sind.

Fast alle Autoren gehören der IBM (in Deutschland oder in den USA) an; dadurch sind die 14 Kapitel im allgemeinen gut aufeinander abgestimmt. Die Kürze der Beiträge bewirkt jedoch, daß viele Probleme nur gerade angeschnitten werden konnten. Die meisten Kapitel sind auch für einen Leser mit geringen DV-Kenntnissen lesbar und stellen für ihn eine gute Einleitung in die behandelte Problematik dar. Aber auch der Fachmann findet sicherlich Anregungen und einige neue Erkenntnisse; zudem enthalten manche Beiträge umfangreiche Literaturhinweise. Das Buch enthält kaum Druckfehler.

Der Inhalt reicht von der Planung und der formalen Beschreibung von Programmiersystemen über Leistungsmessung, Compiler und Testverfahren bis zu Zukunftsaussichten über Benutzeranforderungen und Systemprogrammierung. Einige Streiflichter aus verschiedenen Kapiteln mögen diese Vielfalt beleuchten.

Ein durchaus noch nicht befriedigend gelöstes Problem ist das der „deadlocks": Mehrere in Bearbeitung befindliche Programme blockieren sich durch zusätzliche Anforderungen an Betriebsmitteln (Speichern, periphere Geräte u. a.) gegenseitig. Das Ziel der Testverfahren kann es mangels Durchführbarkeit nicht sein, ein fehlerfreies Betriebssystem zu erzeugen, sondern nur, die Fehlerzahl so klein zu halten, daß sie tolerierbar ist; bei den Abschlußtests für eine neue Version eines Betriebssystems werden nicht selten weit über 100 Fehler gefunden. Ein besonderes Problem stellt die Dokumentation und ihre Fortschreibung bei Programmänderungen dar; sie umfaßt bei einem mittleren Betriebssystem 8000 bis 10 000 Druckseiten und kann 25% der Entwicklungskosten verschlingen. Einer der Beiträge beschreibt den grundsätzlichen Aufbau von Compilern und Compiler-Compilern, und das bei weitem längste Kapitel führt mehrere mathematische Modelle vor, die das statistische Verhalten von Teilnehmer-Systemen bei verschiedenen Prioritätsregelungen für die Benutzerprogramme beschreiben.

Friedrich Gebhardt

Hans-Peter Mrachacz/Richard Bauer, Daten optimal erfassen

verlag moderne industrie (Wolfgang Dummer & Co.), München. 1970. 264 S. Leinen DM 44,–

Vorweggenommen sei, daß dieses Buch ein großes Verdienst für sich in Anspruch nehmen kann: Es stellt endlich ein stark vernachlässigtes Problem beim Einsatz von EDVA, nämlich die Datenerfassung, in den Blickpunkt. Verglichen mit dem Fortschritt der Computertechnologie sind die Mittel der Datenerfassung weit zurückgeblieben. Während z. B.

in der Zeit von 1925 bis 1969 der auf die maschinelle Datenverarbeitung entfallende Zeitanteil um 95% gesenkt werden konnte, ist dies im gleichen Zeitraum für die Datenerfassung nur um 20% geschehen.

Diese Entwicklung liegt sicherlich auch darin begründet, daß die zentrale Recheneinheit relativ anwendungsunabhängig konzipiert werden kann (oder zumindest für die Bedürfnisse einer großen Gruppe von Anwendern gleich gut oder schlecht konzipiert ist), die Konzeption der Datenerfassungsgeräte aber ganz wesentlich von den Aufgaben, die man mit Hilfe einer EDVA lösen will, abhängt. Damit kommen aber die Datenerfassungsgeräte erzeugenden Firmen in Schwierigkeiten; ein Angebot, das den verschiedenen Bedürfnissen der EDVA-Anwender gerecht werden soll, bedeutet für sie vervielfachte Entwicklungskosten und geringere Absatzchancen pro entwickelten Typ. Behält man dies im Auge und betrachtet außerdem die ersten Einsatzgebiete von EDVA (und deren Vorgänger), versteht man das noch heute vorhandene Übergewicht (auch dort, wo dies durch die zu lösenden Aufgaben keineswegs gerechtfertigt erscheint), das den mit Lochkarten arbeitenden Datenerfassungsgeräten zukommt. Dazu kommt noch die Schwierigkeit für den EDV-Anwender, von sich aus für seine Zwecke optimale Datenerfassungsgeräte zu definieren.

Das Buch soll dem EDV-Anwender Hilfe bei der Optimierung der Datenerfassung bieten, allerdings mit zwei wesentlichen Einschränkungen: Es werden nur am Markt befindliche Datenerfassungsgeräte und deren Anwendungsmöglichkeiten untersucht (abgesehen von einem sehr kurzen Kapitel „Zukünftige Entwicklung"), was wieder nicht die Möglichkeit gibt, von der Anwenderseite her gewünschte Geräte genauer zu umschreiben und so einen Einfluß auf die Entwicklung von neuen Erfassungsgeräten zu nehmen. Die zweite Einschränkung betrifft den von den Autoren in Betracht gezogenen Anwendungsbereich, der im wesentlichen die kommerzielle Datenverarbeitung ist, so daß die immer wichtiger werdende Textverarbeitung im Hintergrund der Ausführungen bleibt.

Die Autoren beschäftigen sich mit dem Einsatz der Lochkarte, des Lochstreifens und des Magnetbandes bei der Datenerfassung und wenden sich dann der direkten Datenerfassung zu, worunter sie eine Datenerfassung unter Umgehung eines Datenzwischenträgers verstehen. Daran schließt sich ein Kapitel über die Organisation der Datenerfassung.

Die mir sehr wichtig erscheinenden Fragen der Integration der Datenerfassung in den Datenentstehungsprozeß und Überlegungen zur Vermeidung einer Mehrfacherfassung derselben Daten (überbetriebliche Integrationsprobleme, Normierung) fehlen fast völlig.

Wesentliches Verdienst des Buches ist die Behandlung des bisher stiefmütterlich berücksichtigten Themas und der gute, praxisbezogene Überblick über Datenerfassungsmöglichkeiten im traditionellen Einsatzbereich der EDVA. Werner R. Svoboda

Hinweise

Gesellschaft für Informatik e.V.
Fachausschuß 8 „Methoden der Informatik für spezielle Anwendungen"
Prof. Dr. P. Schmitz

BIFOA – Betriebswirtschaftliches Institut für Organisation und Automation an der Universität zu Köln
Prof. Dr. E. Grochla

Informationszentren in Wirtschaft und Verwaltung

am 17. und 18. September 1973 in Köln (Call for Papers für eine Fachtagung)

Auf Grund des bereits sehr hohen technischen Entwicklungsstandes der automatischen Datenverarbeitungsanlagen (ADVA) und der Erfahrungen, die inzwischen mit der Entwicklung von Systemen zur Lösung von Teilproblemen gewonnen werden konnten, versucht man nunmehr sowohl in der Wirtschaft als auch in der öffentlichen Verwaltung integrierte Informationssysteme zu schaffen, um hierdurch die ADVA kapazitativ und wirtschaftlich besser zu nutzen. Auf diese Weise entstehen in den betreffenden Einheiten Informationszentren (IZ), bei deren Entwicklung und Nutzung sich insbesondere die folgenden Problemkreise abzeichnen, die auf einer Tagung behandelt werden sollen:

Die Zielsetzung von IZ sind zu analysieren. Hierhin gehören Methoden zur Analyse und Präzisierung von Zielsystemen; dies ist wichtig, um Fehlplanungen zu vermeiden, die sich aus mangelnder Klarheit über die Zielsetzung und aus zunächst unbemerkten Zielkonflikten ergeben. Hiermit in Zusammenhang stehen auch die Methoden der Benutzerforschung und der Benutzerbeteiligung am Zielfindungsprozeß.

Die Möglichkeiten zu Koordination, zu Kooperation und Kopplung zwischen IZ sind zu untersuchen. Hierhin gehören insbesondere auch die Methoden zur Analyse und Konzeption von Informationsnetzen durch Verknüpfung von IZ.

Die Voraussetzungen zur Einrichtung von IZ sind zu analysieren. Dies betrifft in besonderem Maße auch die rechtlichen Voraussetzungen bei der Schaffung von IZ in der öffentlichen Verwaltung. (In welchem Bereich sind auf Grund der Rechtslage IZ möglich, welche gesetzlichen Änderungen müßten vorgenommen werden, um die IZ zu realisieren; „automationsgerechte Rechtssetzung").

Es sind Gestaltungsmethoden zur Konzipierung und zur Implementierung von IZ zu entwickeln.

Von Bedeutung sind hier insbesondere:

Methoden zur Analyse und Organisation von Informationsflußsystemen und zu deren optimaler Gestaltung, zur Sicherung und zum Schutz der gespeicherten Daten (Datenschutz), Methoden zur Untersuchung der Wirtschaftlichkeit solcher Systeme. Demgegenüber sollen die rein programmtechnischen Probleme zur Schaffung von Datenbanken *nicht* behandelt werden.

Die Auswirkungen, die sich aus der Existenz und der Nutzung von IZ ergeben, sind darzustellen.

Diese Problemkreise betreffen zweierlei:

– Die Wirkung nach innen (auf die Glieder der betreffenden Einheiten selbst), z. B. Änderung der Aufbau- und der Ablauforganisation, soziale Auswirkungen auf die Mit-
– die Wirkung nach außen, z. B. auf den Markt, das Parlament, die Regierung, den einzelnen Bürger.

Die Veranstalter laden zur Meldung von Vorträgen für diese Tagung ein. Konferenzsprachen: Deutsch, Englisch; Vortragsdauer: 20 Minuten; Meldung an den Tagungsleiter: Prof. Dr. P. Schmitz, Lehrstuhl für Informatik der Universität zu Köln, 5 Köln 41, Berrenrather Straße 136; Meldeschluß mit einer Kurzfassung (etwa 45 Schreibmaschinenzeilen) 31. März 1973; Abgabe des vollständigen Manuskriptes (zur Veröffentlichung als Sammelband unmittelbar vor der Tagung; maximal 10 Schreibmaschinenseiten) bis 30. Juni 1973.

EDV-Inkasso für Rechtsanwälte*

EDV-Anlagen lösen kommerzielle wie technische Aufgaben. Ein weiterer Anwendungsbereich ist das AIS-Inkasso-Verfahren. Alle Maßnahmen (z. B. Mahnung, Zahlungsbefehl, Betrugsanzeige etc.) und die Terminkontrolle werden automatisch gesteuert und ausgeführt. Die Korrespondenzerledigung wurde vom Sachbearbeiter auf den Computer verlagert.

Anwälte entwickelten unter Berücksichtigung der gerichtlichen Belange gemeinschaftlich mit Philips Electrologica, Düsseldorf, einen Programmkomplex aus folgenden integrierten Bereichen:

- Debitorenverwaltung
- vorgerichtliches Mahnwesen
- gerichtliches Mahnwesen
- Zwangsvollstreckungen.

Die vielfältigen Anforderungen wurden durch ein umfassendes Bausteinsystem gelöst, das ständig variiert werden kann. Diese Flexibilität läßt individuelle wie vollautomatische Arbeitsabläufe zu.

Wesentliche Merkmale sind:

- Textverarbeitung (Ganzbrief und Bausteine)
  Kosten und Zinsberechnung
  Fristsetzung, Überwachung und Weiterführung
  Benachrichtigung aller Beteiligten von Zahlungen, Stundungen, Teilzahlungen etc.
- optimale Information
  OP-Listen
  Sachstandsauskünfte
  Einzelaktenabrechnungen
  periodische Gesamt-Kontoauszüge
  Statistiken.

Die Datenerfassung sowie der Datenrückfluß können auch durch Datenträger wie Lochstreifen, Band oder Platte erfolgen.

Auftraggeber des Service-Rechenzentrums können nur Rechtsanwälte sein. Sie stellen den auftraggebenden Gläubiger von allen Kosten eigener Beitreibungsabteilungen oder Erlöseinbußen für Inkassobüros frei. Anwalts- und Rechenzentrums-Kosten sind nach dem Gesetz vom Schuldner zu tragen.

Die Erfahrung hat gezeigt, daß neben den Rationalisierungsvorteilen und Ersparnissen durch schnellere Vorgangserledigung auch eine wesentliche Liquiditätsverbesserung erreicht wird.

AIS Anwalts-Inkasso-System GmbH & Co. KG.
D 2000 Hamburg 28, Billhorner Deich 94-96
Geschäftsführer: Rechtsanwalt Dr. Gerd E. Nehls

Klaus Barnbeck

* vgl. auch *Krieger* in: Betriebsberater 1972, S. 1211 ff.; *Wagner* in: Einzelhandelsberater 1972, S. 375 f.

Kongreß "Juristische Informationssysteme - EDV und Recht"

vom 22. bis 24. Mai 1973 in München

Veranstaltet von der Verlegervereinigung Rechtsinformatik e. V. findet vom 22. bis 24. Mai 1973 in München der erste deutsche Kongreß statt, der sich mit den Problemen des Computereinsatzes im Recht befaßt. Damit wird der Tatsache Rechnung getragen, daß die Rechtsinformatik eine neue juristische Disziplin ist, die zunehmend Bedeutung für Wissenschaft und Praxis gewinnt, deren Probleme und Fragestellungen bislang jedoch erst in Ansätzen diskutiert worden sind.

Der Kongreß wendet sich an alle Juristen, die im Hochschulbereich, in der Justiz, in der öffentlichen Verwaltung und in der Wirtschaft mit den Problemen der Datenverarbeitung bei der Lösung juristischer Aufgaben befaßt sind. Er wird eine Bestandsaufnahme der verschiedenen Projekte des Computereinsatzes vor allem beim Aufbau juristischer Informationssysteme bringen. Im Vordergrund steht dabei die automatisierte Inhaltserschließung juristischer Literatur (Rechtsdokumentation); es werden jedoch auch konkrete Möglichkeiten der Datenverarbeitung zur Unterstützung des eigentlichen juristischen Problemlösungsverhaltens behandelt werden (Beispiele: Grundbuchautomation, Planung usw.). Ausstellungen und Demonstrationen der EDV-Hersteller sollen die Bestandsaufnahme ergänzen und plastisch machen. Dabei ist auch eine Podiumsdiskussion vorgesehen, in der verschiedene Konzepte verglichen werden sollen.

Breiten Raum wird die Diskussion der methodischen, rechtstheoretischen und rechtspolitischen Problemstellungen einnehmen. Hierzu werden Thesen namhafter Fachleute aus Wissenschaft und Praxis vorbereitet, die den Teilnehmern des Kongresses in gedruckter Form zur Verfügung gestellt werden.

Das endgültige Programm wird im März 1973 veröffentlicht werden. Nähere Auskünfte erteilt Verlegervereinigung Rechtsinformatik, c/o J. Schweitzer Verlag, 8 München 80, Geibelstraße 8, Telefon 08 11 / 47 96 92.

Eberhard Witte (Hrsg.)

Das Informationsverhalten in Entscheidungsprozessen

Die Einheit der Gesellschaftswissenschaften Band 13
Zugleich Band 1 der Reihe: Empirische Theorie der Unternehmung

1972. XVI, 222 Seiten. Broschiert DM 40.–, Leinen DM 48.–

Die einseitige Beschäftigung mit der Informationstechnologie hat in der Wirtschaftspraxis wiederholt zu Schwierigkeiten bei der Einführung computergestützter Informationssysteme geführt. Einem Überangebot von Informationen steht eine schwache Informationsnutzung gegenüber. Die hier gesammelten Untersuchungen stellen fest, daß die Effizienz wirtschaftlicher Entscheidungen von der Informationsnachfrage, nicht von der Informationsversorgung abhängt.

Inhaltsübersicht:

J.C.B.Mohr (Paul Siebeck)
Tübingen

Verantwortlich für den redaktionellen Teil: Dr. Sigmar Uhlig, Bonn. © Copyright 1972 by J. Schweitzer Verlag Berlin. Alle Rechte, insbesondere die der Übersetzung in fremde Sprachen, vorbehalten. Nach § 54 (2) URG ist für die fotomechanische, xerographische oder in sonstiger Weise bewirkte Anfertigung von Vervielfältigungen der in dieser Zeitschrift erschienenen Beiträge zum eigenen Gebrauch eine Vergütung zu bezahlen, wenn die Vervielfältigung gewerblichen Zwecken dient. Die Vergütung ist nach Maßgabe des zwischen der Inkassostelle für urheberrechtliche Vervielfältigungsgebühren GmbH, 6 Frankfurt, Großer Hirschgraben 17/21, und dem Bundesverband der deutschen Industrie e. V. Köln, Habsburger Ring 2/12, abgeschlossenen Gesamtvertrages vom 15. Juli 1970 zu entrichten. Die Weitergabe von Vervielfältigungen, gleichgültig zu welchem Zweck sie hergestellt werden, ist eine Urheberrechtsverletzung und wird strafrechtlich verfolgt. Die hier genannten Vervielfältigungen haben den Vermerk über den Hersteller und die Bezahlung der Lizenzen zu tragen. Ein Verlagsrecht besteht auch für die veröffentlichten Entscheidungen und deren Leitsätze, wenn und soweit sie vom Einsender oder von der Schriftleitung redigiert, erarbeitet oder bearbeitet sind und sie daher Urheberrechtsschutz genießen. Die Verwertung durch Datenbanken oder ähnliche Einrichtungen bedarf daher auch insoweit der Genehmigung des Verlages. *Verlag:* J. Schweitzer Verlag, 1 Berlin 30, Genthiner Straße 13, Telefon 0311/261 13 41, Postscheckkonto: Berlin-West, Konto-Nr. 566 67-108; Berliner Bank A.G., Depka 32, Konto-Nr. 32 71036 400. Der Verlag ist eine KG; persönlich haftende Gesellschafter sind Dr. Kurt Georg Cram, Berlin, und Dr. Arthur L. Sellier, München; Kommanditisten sind Alfred Sellier und Marie-Louise Sellier, beide München. *Anzeigenannahme:* J. Schweitzer Verlag. Gültig ist Anzeigenpreisliste Nr. 1. Verantwortlich für den Anzeigenteil: Dietrich Foth. Anzeigenschluß 4 Wochen vor Erscheinen des Heftes. *Satz:* Behr, München. *Druck:* Gerber, München. *Erscheinungsweise:* Die Zeitschrift erscheint bandweise, ein Band besteht aus 4 Heften zu je ca. 96 Seiten. Jährlich soll ein Band erscheinen. *Bezugspreise:* Abonnementspreis pro Band DM 128,–. Vorzugspreis für Studenten und Referendare DM 96,–, Einzelheft DM 36,–, Doppelheft DM 72,–. Alle Preise verstehen sich inklusive Mehrwertsteuer, jedoch zuzüglich Zustellgebühr. *Bestellungen* nehmen entgegen: jede Buchhandlung und der Verlag. Bestellungen zum Vorzugspreis nur gegen Vorlage einer Ausbildungsbestätigung. *Abbestellungen* müssen 4 Wochen vor Vierteljahresschluß erfolgen.

Kolibri 360 GmbH
Ferdinand-Jühlke-Straße 7
99095 Erfurt, Deutschland
produktsicherheit@kolibri360.de